# 苦しみの手放し方

Letting Go of your Suffering,
as Taught by Zen Master Taigu Gensho

大愚元勝
Taigu Gensho

ダイヤモンド社

# 苦しみの手放し方

はじめに

# お釈迦様《しゃかさま》が説かれた「苦しみの手放し方」

この本を手に取られたからには、あなたは今、何かしらの苦しみを胸中に抱えていらっしゃるのではないでしょうか。

ひょっとしたら、あなたではなく、あなたの大切な人が「苦しみ」を抱えていらっしゃるのかもしれません。だとしたら、パラパラとこの本をめくって、気になる箇所から読んでみてください。

この本には、人間関係や仕事、お金、健康、家族関係などの苦しみに悩む人のために、**お釈迦様が説かれた「苦しみの手放し方」が書いてあります。**

**私たちが感じている苦しみは、自分の内側で、自分によって創り出されている**

お釈迦様は、自らの苦しみを観察し、苦しみの原因と、苦しみを手放す方法を発見されました。

お釈迦様が紆余曲折《うよきょくせつ》を経て、最終的に自らの苦悩を手放すために行ったことは、神に祈ることでもなく、快楽に身を委ねて一時的に苦しみを忘れることでもなく、苦行によって肉体を痛めつけて苦しみから逃避することでもありませんでした。

お釈迦様がなさったことは、瞑想坐禅《めいそうざぜん》して「苦しみ」の根っこを探求し、苦しみが起こる原理と過程を徹底観察することでした。

その結果わかったことは、**どうやら私たちが感じている苦しみは、自分の外からもたらされるものではなく、自分の内側で、自分によって創り出されたものであるということです。**

私たちは、とかく何か自分の苦しみの原因を、環境や他の誰かのせいだとして、自分の外側に求めます。

また、他人や宇宙の摂理まで、自分の思い通りにしたいという、強烈な欲に駆られて生きています。

けれども、実は**苦しみというのは、「現実」と「自分の勝手な思い込み」との間に生じる**

**隔たり（ギャップ）によって起こるのです。**

**好き嫌い、不安、不満、怒り、欲、嫉妬、妬み、意地、見栄など、仏教ではこうした感情をひっくるめて「苦」と呼んでいます。**

「苦」は決して自分の外側からやってくるものではなく、自分の内側で創られるもの。その実態を理解したとき、苦しみを握りしめているのは、他でもない自分自身だと気づくはずです。あとはその苦しみを手放すだけなのですが、これがなかなか手放せないものなのです。

## 自分にはなりたいものはなかった。けれど、僧侶にだけはなりたくなかった

かく言う私も、強烈な欲や、自分勝手な思い込みによって、迷い苦しんできた者の一人です。

私は愛知県小牧市にある540年続く禅寺、福厳寺《ふくごんじ》の弟子として、育ちました。はじめて経本《きょうほん》を持たされたのは3歳、葬儀に連れていかれたのは5歳でした。厳しい師匠、堅苦

しい伝統やしきたりに反発して育ち、高校に入ると、進路について随分悩みました。

将来を見据えたとき、自分にはなりたいものがない。けれどもどうしてもなりたくないものがある、それが僧侶でした。「僧侶にならずにすむためには、自立しなければならない」。そう考えて海外へ飛び出したり、複数の会社を興したりしました。

事業において、1億円近い借金の返済が滞り、どうしたら良いかわからずに眠れぬ日々を過ごしたこともありました。

人間関係において、離れてほしい者が離れず、離したくない者が離れていく苦悩も味わいました。

自分の向かう先が見えず、またそんなときには、誰に教えを請えば良いのかがわからず、ただ青い鳥を探して海外諸国を放浪した時期もありました。

救急車で運ばれたことも一度や二度ではありません。「もういい」「もう終わりにしたい」「いっそのこと死んで楽になろう」と思ったことも、珍しくありません。

けれども不思議なもので、そんなときにいつも向かった先は、お寺の本堂でした。本堂にひとりこもって、声をあげて泣きました。きっと幼少期から師匠に言われていた言葉が脳裏に焼き付いていたからでしょう。

## 仏様は黙って何時間でも聞いてくださる

私の師匠は、私が迷ったとき、ただ黙って仏様の前で座ることを勧めてくれました。

「お父さん、お母さんの言うことが聞けんときもあるだろう。先生の言うことが聞けんときもあるだろう。けれども、**もうダメだと思ったら、いいから仏様の前に来て座れ。何も言わんでいいから黙って座れ。何か言いたきゃ、仏様は黙って何時間でも聞いてくださる**」

そして、あんなにも「お寺の子」として生を享《う》けたことを恨み、僧侶だけにはなるまいと心に決めていたにもかかわらず、苦しくてどうしようもないときには、気がつけば、仏様にすがって泣いている自分がいました。

今になって思えば私が苦しみのどん底にあったとき、もし「仏前」という「行き場所」がなかったならば、私もこのように生きていて、本を書くことなどなかったかもしれません。

## 問題に突き当たって苦悩したとき、参考書になったのが『経典《きょうてん》』だった

また、**私が問題に突き当たって苦悩したときに、必ずひも解いた参考書があります。『経典』という参考書です。**

35歳で覚《さと》りをお開きになり、80歳でお亡くなりになるまでの約45年間、各地を遊行《ゆぎょう》した先で出会う人々の苦しみに対して説かれた教えが、仏教です。お釈迦様の教えが、2600年の時を超えて、民族を超えて、国境を超えて、性別を超えて、今なお世界で人々に信仰されている理由は、そこに救いとなる真理があるからです。

**真理とは、時代や場所が変わっても変わらない法則や知恵のこと。それが記されているのが経典です。**

そのことに気づいた私は、経典をただ唱えるだけでなく、**私が突き当たっている現実社会での問題に対するヒントを、仏典に求めはじめました。**

そしてあらためて知ったことは、**「仏典には、顔の洗い方から、瞑想法、集中の法、家庭**

**円満の法、子育て法、健康法、資産構築法に至るまで、人生のあらゆる悩みに対するヒントが記されている」**ということでした。

そしてそれら智慧《ちえ》の書を、意味をかみ締めながら自分の中に刻みこみ、応用し、事業から人間関係まで、いちいちの思考判断の基準としたのです。

すると不思議なほど、自分の精神が安定し、日々起こる細かな出来事にいちいち心揺さぶられることがなくなりました。

家族をはじめとする周囲との人間関係においても、不機嫌で不満や嫌みを口にする人が去り、誠実で家族のように信頼できる仲間が増えていきました。

ビジネスにおいても、社員が自分事として仕事に取り組み、自分たちで役割を決め、ルールを定め、目標を掲げて、訪れる大小の波を自分たちの創意工夫で乗り越えて売り上げを伸ばすようになり、今では私がはじめた各社すべての事業承継を終え、住職としての職務に専念できるようになりました。

私自身が変容していくにつれ、人々からの相談も数多く舞い込むようになっていきました。恋愛の悩み、健康の悩み、生きる意味がわからないという悩み、将来の夢が見つからないという悩み、経営の悩み、子育ての悩みなど、仕事の合間を見つけては、それらの相談に乗るようにしてきました。

## YouTubeチャンネル「大愚和尚の一問一答」をはじめて気づいた4つのこと

お釈迦様という、偉大な知恵者によって発見され、伝えられた「苦しみの手放し方」がある。

一方で、仏教がそのような教えだと知らずに、人知れず心に葛藤を抱え、もがき苦しんでいる人々がいる。お寺とは何なのか、僧侶の役割とは何なのか。もっと積極的に、苦しみの手放し方としての仏教を人々に伝える努力をすべきではないか。

そう思ってはじめた試みが、**YouTubeという動画配信サービスを使った番組「大愚和尚の一問一答」**です。

家族にも言わず、弟子と2人で黙ってはじめた番組でしたが、9年半経った現在では、65万人以上の方々が登録し、月1万人のペースでその数は増え続けています。

この番組は、視聴者から届く人生の問いに対して、私が仏教や自身の体験をもとに処方箋としてのアドバイスをするというものなのですが、動画配信をしはじめて気づいたことが4つあります。

**1つ目は、「多くの人がウソや偽りを離れて、本当の自分をさらけ出したいと願っている」ということ。**

インターネットを使った相談の良いところは、面と向かっては相談できないような心の奥底を、正直にさらけ出すことができるということです。

自分の知られたくない過去、振り返りたくない過去、現在抱えている自身の傷、家族の恥部など、顔や住所を知られている菩提寺《ぼだいじ》の住職でしたら、とても相談できないだろう赤裸々な内容もあります。

そのことを踏まえた上で、相談受付はペンネームでも可能ですし、また住所などの連絡先も書かなくても可能です。けれども、ほとんどの相談者の方が、実名と連絡先を明かした上で、相談内容を送ってこられるのです。

中には、誰もが知っている有名企業の幹部や社長秘書、政治家、医師、芸能人の方々もおられます。

秘匿性《ひとくせい》の高いインターネットを使った相談が可能であるにもかかわらず、むしろ真実の自分を伝えようとなさる。それだけ私を信頼してくださっているのだと思うとありがたいのですが、それ以上に、人はどこかで、真実の自分をさらけ出して、素直な自分になりたいと願っており、またそのような場所を求めているのだろうと感じています。

**2つ目は「苦しみを吐き出して可視化することによって、人は少し苦しみを手放すことができる」ということ。**

相談者の方には、できるだけ自分の苦しみを詳細に記述して届けていただくようお願いしています。中には本が一冊書けるのではないかと思うほどに、ご自身の人生を書き綴られる方もあります。

そして相談内容が届いてからしばらくして、「先日お送りした相談ですが、何だかすべて書き出したらスッキリして、自己完結しそうです。相談しておいて大変申し訳ないのですが、私はもう大丈夫ですので、他のもっと困っている人たちの相談を優先して差し上げてください」というお便りが届いたりするのです。

どうやら悩みは、問題が整理されないまま、漠然と胸中に留まることによって起きているという一面があるようです。

人間は言葉で考えます。言葉で悩み、言葉で迷い、言葉で苦悩するのです。悩み相談を届けるために、心の内側を整理して書き出すという作業を通して、苦しみが外側に吐き出され、それを客観的に眺めることによって、自分で苦しみの原因に気づくこともあるのです。

**3つ目は、「苦しみは、老若男女、世界共通」であるということ。**

現在、一問一答の視聴者、相談者の年齢は、下は11歳から上は80歳を超えています。YouTubeの視聴者分析データと、皆様から届く相談やお礼の手紙からそのことがわかります。また、日本国内はもちろんのこと、海外の人々までもが仏教に人生の苦悩に対する救いを求めていることがわかりました。

YouTubeには外国語の字幕をつける機能が備わっているのですが、その機能を利用して、私の動画にボランティアで外国語の字幕をつけてくださる方々が次々と現れたのです。気がつけば、英語、中国語、韓国語、ドイツ語、フランス語などの字幕がつけられた動画が増えていき、2019年の7月には、北米在住の方々からの要望により、ロサンゼルスで法話会も開催しました。

**4つ目は「苦しみには共通したパターンがある」ということ。**

一問一答の回答待ち相談数は、現在1300を超えています。週1~2回の配信ペースでは回答が追いつかない状況が続いています。中には「もう死にたい、ダメです」というような悲痛な叫びもあり、最初の頃は、一問一答の収録や配信に携わってくれているスタッフから、「配信ペースを急ぎましょう」という声があがっていました。

けれども、実はいつ配信されるかもわからないその「待ち時間」こそが、相談者の苦しみの探求を助けていることもわかってきました。

相談者の方々は、自分の相談への回答を待つ期間、すでに配信されている動画を見て、自身の苦しみに応用できる内容を探し続けるのです。

数々の動画を見ていくうちに、まず、苦しんでいるのは自分だけでないという事実に気づきます。

次に、他の人たちの相談に対する私からの回答が、そのままピッタリと自分の悩みに対する苦しみの手放し方であったりすることも多いようで、「私の悩みは、他の方へのあの動画で解決しました。ありがとうございました」というお手紙が届くのです。

どうやら**「苦しみ」は自分だけのものではなく、そこに多くの方々に共通するパターンがあるようです。**

この本には、これまで私が受けた悩み相談に対する「苦しみの手放し方」が書かれてあります。

人間関係の悩み、仕事の悩み、お金の悩み、経営の悩み、子育ての悩み、家族関係の悩み、恋の悩み、病気の悩みなど、50の事例が綴ってあります。

最初から最後まで、根を詰めて読む必要はありません。仕事で、家庭で、日々の生活の中で、何か自分の心に不安や不満、ストレスを感じたときに開いていただければ、そこに何かしら、苦しみを手放すヒントになる話を見つけていただけると思います。

本書が、読者の皆様のさまざまな苦しみを手放すヒントになれば、嬉しく思います。

大《たい》愚《ぐ》元勝《げんしょう》

苦しみの手放し方

目次

## 第1章 人間関係に苦しまない考え方

# 第2章 仕事の悩みとどう向き合えばいいのか

# 第3章 お金に惑わされない考え方

## 第4章 病気と健康をどうとらえたらいいのか

## 第5章 子どもや家族の悩みとどう向き合えばいいのか

# 第6章 恋愛や結婚の悩みとどう向きあえばいいのか

# 第7章 悩み、イライラ、ストレス、悲しみから逃れる

# 第1章 — 人間関係に苦しまない考え方

# 001

## 付き合ってはいけない「4種類の人」

①何ものでも取っていく人
②言葉だけの人
③甘言《かんげん》を語る人
④遊蕩《ゆうとう》の仲間

人間は、必ず、他人の影響を受けています。だからこそ、「誰と付き合うか」が重要です。

お釈迦様は、「次の4種類の人は敵であって、友に似たものにすぎない、と知るべきである」と述べ、「危険な道を避けるように、敵を遠く避けなさい」と教えています。

「4種類の敵」とは、

**①何ものでも取っていく人**

- 人に与えるときは少ないのに、自分が受け取るときは、できるだけ多く得ようとする人
- 自分の利益のみを追求する人

**②言葉だけの人**

- 「あのときは、ああしてあげた」と、過去のことを恩に着せて友情を装う人
- 「今度、こうしてあげるから」と、未来のことに関して友情を装う人
- なすべきことが迫ってくると、「都合が悪い」と言い出す人

**③甘言を語る人（甘言：口当たりのよい言葉）**

- 目の前ではお世辞を言い、裏では陰口をたたく人
- うわべだけのうまい言葉を語って、中身がともなっていない人

**④遊蕩の仲間（遊蕩：ギャンブル、お酒などに溺れること）**

・飲酒、ギャンブルに明け暮れている人

のことです。

20代の女性、S子さんから、「幼馴染《おさななじ》みのE子さんとの付き合い方で悩んでいる」という相談をいただきました。

E子さんから、「私の会社の商品を買ってほしい」と勧誘されたり、「お金を貸してほしい」と頼まれるようになり、S子さんは、彼女を遠ざけるようになりました。けれど反面、「幼馴染みなのに、友だち関係をリセットするのは、薄情ではないか」と悩んでいたのです。

S子さんにとって、今のE子さんは、「友に似たもの」にすぎないと私は思います。だとすれば、仮にE子さんを怒らせる結果になったとしても、**「遠ざける」のが正しい道です。**「間違っている」「不快だ」と思いながらも引き受けてしまうと、相手に巻き込まれ、自分が翻弄《ほんろう》されてしまいます。

一方で、お釈迦様は、「次の4種類の友人は、心のこもった友であると知るべきである」と述べています。「4種類の友人」とは、

**①助けてくれる友**

・元気がないときに、守ってくれる人

- 正常な判断ができなくなったときに、正しい行動に向かわせる人

**②苦しいときも楽しいときも一様に友である人**

- 窮地《きゅうち》に陥っているときに、見捨てない人
- 辛いときにも一緒にいてくれる人

**③自分のためを思って話してくれる友**

- 悪い道に入らないように忠告したり、大切な情報を教えてくれる人

**④同情してくれる友**

- 落ち目になったときに心配してくれ、上り調子のときには一緒に喜んでくれる人
- 人から悪口を言われたときに、弁護してくれる人

お釈迦様は、このような「4種類の友人」こそ「親友」であると説き、「真心を持って交流しなさい」と説いています。

心が弱っているとき、心が欲しているとき、心が憤っているときには、悪友が寄って来やすいものです。**人間関係の苦しみを手放すには、「どのような人と付き合い、どのような人と付き合わないか」の基準を持つこと。**その基準となるのが、お釈迦様の教えにある「4種類の敵」と「4種類の友人」なのです。

# 002

# 「悪口を言う人」から逃げずとも、「悪口」は、いずれ過ぎ去る

お釈迦様は、迷いや苦しみから逃れる方法のひとつに、「耐え忍ぶこと」を挙げています。

**「耐え忍ぶ」とは「我慢する」ことではありません。**

「我慢」は、もともと仏教の言葉です。七慢ある慢心（おごり高ぶる煩悩《ぼんのう》を7種に分けたもの。慢《まん》・過慢《かまん》・慢過慢《まんかまん》・我慢《がまん》・増上慢《ぞうじょうまん》・卑慢《ひまん》・邪慢《じゃまん》の総称）のうちのひとつで、「我に慢心を抱いた状態」を表します。我に執着しすぎて、うぬぼれ、おごり高ぶり、強情で他を見下した状態が「我慢」です。

現在、「我慢」は、「辛いことや悲しいことを、耐える」という意味で使われていますが、この「辛いことを苦しみながら耐える」という態度も、「この尊い私の悪口を言われたくない」という、我に対する自己愛からくるものです。

仏教の「耐え忍ぶ」姿勢は、こうした「我慢」とは違います。

**自他の感情に過剰反応して振り回されるのではなく、その悪口の由緒と理由、そして自分に起きている状況を真実の眼を見開いて観察するために「耐え忍ぶ」のです。**

暑さ、寒さ、飢え、渇きを耐え忍び、罵《ののし》りや謗《そし》りを受けても耐え忍ぶ。そうすれば、迷いや苦しみの元である「煩悩」から逃れることができるのです。

お釈迦様が、コーサンビーという町に滞在していたときのことです。お釈迦様に恨みを持つ人物が、町の悪者を買収して、お釈迦様の悪口を広めました。

その結果、お釈迦様は人々から煙たがられ、弟子たちが托鉢《たくはつ》（鉢を持って人家を回り食べ物を乞うこと）をしても、食べ物も得ることはなく、お布施もなく、ただ罵《ののし》られるだけでした。

弟子のひとり、アーナンダは、お釈迦様に提言をしました。

「こんな町に滞在することはありません。ここよりも、もっと良い町があると思うので、そちらへ移りましょう」

お釈迦様がアーナンダに、

「次の町でも、この町と同じだったらどうするのか？」

と尋ねると、アーナンダは、

「また、別の町に移ります」

と答えました。するとお釈迦様は、次のように、アーナンダを諭《さと》したのです。

「アーナンダよ、それではどこまで行ってもきりがない。私は誹《そし》りを受けたときには、じっとそれに耐え、謗りが終わるのを待って、他へ移るのがよいと思う。アーナンダよ。仏（覚《さと》りを開いた者）は、利益、害、中傷、誉《ほま》れ、讃《たた》え、謗り、楽しみ、苦しみという、この世の中の８つのことによって動かされることがない。こういったことは、間もなく過ぎ去るだろう」（参照：『仏教聖典』／仏教伝道教会）

先日、幼稚園の保護者との人間関係で悩んでいるという女性（C子さん）から、ご相談をいただきました。C子さんは、「幼稚園のママ友付き合い」に疲れていました。ママ友数人が、「自分の陰口を言っている」ことに気がついてしまったのです。しだいにママ友仲間から孤立するようになり、「引っ越しをしたい」「子どもを別の幼稚園に転入させたい」とまで、思い詰めていました。

私はC子さんに、「耐え忍ぶ」という解決策があることをお伝えしました。

**「いつまでも陰口を言われ続ける」と思うと、心が動かされてしまう。けれど、お釈迦様は、「中傷も、謗りも、苦しみも、間もなく過ぎ去る」ものだとおっしゃっています。**

**悪口を言う人にも、悪口を言う理由があります。**

その理由は、他人への妬みや、体調不良、鬱憤バラシなどの一方的なものなのかもしれませんし、あるいは、愚かで噂好きな人たちの話のネタにされたのかもしれません。

**悪口を言われる人にも、悪口を言われる理由があります。**

知らず知らずのうちに、自分が誤解されているのかもしれません。ひょっとしたら、自分に悪口を言われるような態度や落ち度があったのかもしれません。いずれにせよ、悪口がどこから生まれたのか理由を冷静に観察して見極めることです。

見極める際に大切なことは、**自分の心の中に「検問所」を設けることです。**たとえば、国境には検問所（出入国審査）があります。誰でも自由に出入りさせてしまうと、善意を持った者だけでなく、悪意の者も入ります。それと同じように、心の中にも検問所を設けるのです。そして、「なぜ、悪口を言われているのか」を落ち着いて観察します。

自分に原因があるなら、それを反省してあらためるべきですし、悪口の原因が「悪口を言っている側」の問題であるのなら、無理に関わりを持たず、なすべきことと、あるべき態度を保って堂々と振る舞う。そうすれば、やがて悪口は去っていきます。

起きている出来事に過剰反応をして、すぐにその場から逃げてしまうことは、家庭にとって大きな負担にもなりますし、また、子どもにとっても、問題がどこからきたのかよく確かめないまま、「ただ嘆いているだけの愚かな親」の後ろ姿を示すことになってしまいます。

人間はひとりで生きていくことはできません。必ず、他人との関係の中で生きていくわけですから、この機会に、人間と人間との関係について学ぶことが必要です。

それをせずに、次へ行けば、また次で同じようなことを繰り返してしまうでしょう。

自分に覚えがないことで悪口や陰口を言われると、自分に非がなくても逃げ出したくなります。

でもそのときこそ、**自分の心の動きを冷静に見つめ、心を落ち着ける。「人として善《よ》く生きるための正念場である」と自覚すべきだ**と私は思います。

## 003

# 本人のいないところで人を褒めると、相手を魂のレベルで喜ばせることができる

**「相手を引き寄せる（人に動いてもらう）には、自分が魅力的な存在になること」が重要です。**曹洞宗《そうとうしゅう》の開祖・道元禅師は、『正法眼蔵《しょうぼうげんぞう》』の中で、「四摂法《ししょうぼう》」と呼ばれる「相手を引き寄せる4つの智慧《ちえ》」について、書き残しています。

4つの智慧とは、「布施《ふせ》」「愛語《あいご》」「利行《りぎょう》」「同事《どうじ》」です。

- 布施……独り占めしないで、他の人に自分の財力、能力、労力を惜しみなく分け与えること
- 愛語……優しい言葉、慈愛に満ちた言葉、愛情のこもった言葉をかけること
- 利行……見返りを求めないで、他の人の利益のために尽力すること
- 同事……自分を捨てて、相手と同じ心・境遇になること。相手が喜んだら同じように喜び、誰かが悲しんだら同じように悲しむこと

「四摂法」の4つの智慧は、いずれも、より良い「仲間づくり」の秘訣を説いたものです。**4つの中で、とくに愛語の実践が、人間関係を良い方向に変えると私は考えています。**

愛語は、「赤ちゃんを思う母親のように、慈しみを持って言葉をかけなさい」という教え

ですが、もうひとつ興味深いことに、その使用方法までが具体的に示してあります。

それは、

**「その場にいない人を褒める」**

**「その人がいないときに、その人の魅力をどんどん話す」**

**「本人のいないところで、人を褒める」**

ことです。

会社員のAさんは、部下との関係に悩んでいました。部下が、「なかなか言うことを聞いてくれない（上司の言うとおりに動いてくれない）」というのです。

ですが、言うことを聞かなかったのは、部下に忠誠心がなかったからではありません。「部下に厳しくする」のが、Aさんの指導方法だったからです。Aさんは愛語の実践を怠り、日常的に部下の欠点を見つけ、それを批判していました。

その後、愛語の教えを学んだAさんは、「部署内のお荷物」と見なされていた部下のBさんに対し、愛語を実践するようになりました。Bさんの欠点を批判するのではなく、Bさんの持ち味をポジティブに評価し、「本人のいないところ」で、褒めるように心がけたのです。

「上司が、自分のことを『間接的』に褒めてくれている」ことを知ったBさんは、以前のように、失敗にめげたり、肩を落とすことがなくなりました。営業成績も少しずつ上向きになったそうです。Aさんの愛語がBさんを励まし、そして、Bさんの変化が部署全体を明るく変えたのです。


道元禅師は、「言葉の力」をとても大切にしていました。『正法眼蔵』には、

「むかひて愛語をきくは、おもてをよろこばしめ、こゝろをたのしくす。むかはずして愛語をきくは、肝に銘じ、魂に銘ず」

と書かれてあります。

**「面と向かって愛語を聞くと、喜びが顔にあらわれ、心は楽しくなる。面と向かわず、人づてに愛語を聞くと、肝に銘じ魂に深く刻み込まれるような思いをする」**という意味です。

私の母は40年間、お寺のお庫裏《くり》（住職の妻）として、そしてお寺に併設してある幼稚園の副園長を務めました。

母は神奈川県の牧場に育ち、書家を志して進学した大学で父と出会い、お寺へ嫁いだ人です。

家族も友人もいない、まったく慣れない環境に飛び込んでみたものの、書を書くこと以外、何もできないと感じていた母は、せめて「愛語」を使うように心がけていたそうです。福厳寺の檀家《だんか》の中に、頻繁にお寺へやってくるひとりのお婆ちゃんがいました。お婆ちゃんの口癖は、「もう生きとってもしょうがない。はよ死にたい」。

そして、世間話のついでに「お嫁さんへの不満や悪口」を延々と話して帰っていくのでした。当時、母はまだ若く、お嫁さんの年齢とさほど変わらなかったので、お婆ちゃんの愚痴を聞きながら、「我が身のことを言われているようで辛かった」と言います。

ある年の春のこと。そのお婆ちゃんの紹介で、幼稚園にお孫さん（お嫁さんの子ども）が入園してきました。母がお嫁さんと話をしたところ、おとなしく、不器用なところもある一方で、「とても素直で、かわいらしいお嫁さんだ」と感じたといいます。母が、「お義母さんがよくお寺にいらっしゃる」と伝えると、お嫁さんは「私は世間知らずで気が利かないから恥ずかしい。けれどもそんな私にも義母はよくしてくれる」と語ったそうです。

その日以降、母は、そのお婆ちゃんがお寺に来るたび、「お嫁さんがお婆ちゃんに感謝している」ことに加え、お孫さんの良いところを褒めて聞かせたそうです。

お婆ちゃんは最初、「まー、あれがそんなこと言っとったかね」と驚いた様子でしたが、次第にお嫁さんの悪口を言わなくなっていったといいます。

そして、ついに「お嫁さんに良くしてもらったこと」を、嬉しそうに報告してくれるまでになったそうです。

母は40年の経験を振り返りながら、「愛語」の力を確信して言っていました。「人は3人集まると誰かしらの悪いことを言う。けれども、ほんのちょっとした愛語がきっかけで、そうした愚痴や陰口がやんでいくものなの」と。

回り回って本人の耳に入った愛語は、「その人の魂まで届く」ほど、大きな力を持っています。

**人間関係を円滑にするには、愛語を実践する。間接的に人を褒める。**

**そうすれば相手からも、優しい言葉、慈愛に満ちた言葉、愛情のこもった言葉をかけてもらえるようになるはずです。**

## 004

# 苦手な人も、嫌いな人も、会いたくない人も、自分を成長させてくれる「人生の師」である

仏教では、**「真理を学ぶとき、僧侶や宗教者だけを『師』とするのではない。世の中のすべての人たちが、優れた『師』となり得る」**と教えています。

「師」という漢字は、一般的には「人を教え導く人」「先生」「師匠」という意味で使われます。

一方、字源（漢字の起源）に目を向けると、「𠂤＝積み重ねること」と「帀＝あまねく行動すること」で成り立っていることから、「師」には、「多くの人々の集まるところ」「多くの人、多くのもの」という意味も含まれています。

大乗仏教経典『華厳経《けごんきょう》』に、「入法界品《にゅうほっかいぼん》」という物語が収録されています。「入法界」とは、「法界（＝覚《さと》りの世界）に入ること」です。

「入法界品」の主人公は、善財童子《ぜんざいどうじ》（スダナ・クマーラ）という名の青年です。

善財童子は、文殊菩薩《もんじゅぼさつ》の教えにしたがって、53人（数え方によって、54人とも55人ともいわれています）の善知識（仏教の正しい真理を教えてくれる人、各自の道を究《きわ》めている人）を訪ねて、素直に教えを受けていきます。

53人の中には、菩薩や修行僧だけでなく、女神、仙人、バラモン（インドのカーストの最上位に位置する、バラモン教の最上位)、船頭、医者、商人、子ども、遊女などが含まれていて、「仏法は、職業や身分、年齢や性別などには関係なく、いかなる人からでも学ぶことができる」ことが、象徴的に説き示されています。

『華厳経』は、「人間(人間社会)が持つ矛盾を突きつけるお経」だと考えられています。善財童子の旅は、人間の愚かさや危うさ、矛盾を徹底して見つめていく旅でした。

善財童子が、18番目に出会ったのが、都城ターラドヴァジャに住むアナラ王です。

アナラ王は、立派な国王として民衆の支持を集める一方で、罪人に対しては容赦なく、手足を切る、耳や鼻を削《そ》ぐ、目をえぐる、皮をはぐ、首をはねる、火であぶるといった刑罰を与えていました。

遺体の山と血の池を目の当たりにした善財童子は、義憤《ぎふん》にかられ、アナラ王に尋ねます。

「このむごたらしい光景は、まさに地獄のようです。いくら罪人といえども、ここまでする必要はあるのですか?」

真意を問われたアナラ王は、「罪深い行為をやめさせる方法が、ほかにはない。苦しみもがく罪人の姿を見せれば、人民は恐れをなして、十不善業《じゅうふぜんごう》(殺生、盗み、嘘いつわり、悪口など、十種の悪い行為）を行わなくなるだろう」と言って、自身を正当化しました。

じつは、アナラ王は、実際には処罰しておらず、威神力《いじんりき》（お釈迦様や菩薩が使う不思議な力）を使って「幻」を見せ、人民を教え導いていました。

人は誰でも、悪行を犯す可能性を秘めている。そして悪行を犯せば、相応の報いを受けることになる。だから自制しなければいけない。

そのことをわからせるために、アナラ王は、幻術《げんじゅつ》を用いて、民衆に「仮の地獄」を見せていたのです。

また、25番目に出会った婆須蜜多女《ばしゅみったじょ》（ヴァスミトラー）という名の遊女は、善財童子に、

「欲望に取り憑《つ》かれている人が私のところに来たならば、執着のない精神統一を得させよう。私の声を聞き、私を抱擁するものには、離欲を説き、解脱《げだつ》の境地に導くであろう」と答えたといわれています。

善財童子は、妖艶《ようえん》な婆須蜜多女の姿を見て、自分の根源にも、彼女に群がる男たちと同じような「欲」があることに気づくことができたのです。

殺戮《さつりく》王は無慈悲ではなく、国家の安寧《あんねい》を保っていました。

遊女は、決して汚れた存在ではなく、欲望にとらわれない境地を究めていました。

善財童子は、彼らの真意を知ることで、「誰もが自分の師になりうること」、そして、「無《む》欲清廉《よくせいれん》な人などいない。人はみな、愚かさを内包している」ことを理解しました。


福厳寺で葬儀を執り行う方の中には、「お見合い結婚をして家庭を築き、一生を添い遂げるご夫婦」がたくさんいらっしゃいます。

ご主人を看取ったあるご婦人に、「ご主人は、どんな方でしたか？」と私が伺うと、そのご婦人は、こんなことをおっしゃいました。

「私たちの時代は、親が決めた人と結婚するのが普通で、相手を選ぶことはできませんでした。主人は頑固で、私の言うことなんて、ちっとも聞いてもくれない。好きか嫌いか、と聞かれたら、『嫌い』と答えます（笑）。でも、この人を看取った今、満ちたりた気持ちでいるのも、事実です。この人からたくさんのことを学び、この人がいたから、私の人生があった。それは間違いありません」

「もしあのとき、今の時代のように『恋愛結婚』ができたのなら、私は絶対にあの人を選ばない（笑）」と話されていましたが、お見合いであっても、恋愛であっても、2人は一緒になったのではないか、と私は感じています。

なぜなら、**「苦手な人、嫌いな人、会いたくない人」との出会いは、必然**であると、私は思います。あらわれるべくして、あらわれる。

そのことがわかっていれば、仮に「望んではいない人」が目の前に立ちはだかったとしても、受け入れることができるのではないでしょうか。

**「苦手な人、嫌いな人、会いたくない人」も「人生を教えてくれる師匠」であり、「人間的な成長」をもたらしてくれるからです。**

**出会う人のすべてが、自分にとって、大切な人生の先生です。**

だからこそ、たくさんの人から教えを請う。好き嫌いで人を選別せず、多くの人から、できるだけ教えを受ける姿勢が大切だと思います。

# 005

## 「心を受け取る」と書いて「愛」

お釈迦様が、資産家の父親を亡くした青年、シンガーラに、正しい人間関係のあり方を教えた『六方《ろっぽう》礼経《らいきょう》』という経典があります。

「六方」とは、「東西南北」の4方向に、「上下」を加えた6つの方角を指しています。それぞれの方角は、

- 「東…父母」
- 「西…妻子」
- 「南…師弟」
- 「北…友人」
- 「上…宗教者と在家者」
- 「下…主従関係」

をあらわしています。

「礼拝《らいはい》」とは、拝むことです。お釈迦様は、6方向に配置された人たちに対して、「人間としての正しい倫理を実践すること」によって、良好な人間関係が築けるとおっしゃっています。

なかでも、「北方」として礼拝される友人に対して、次の「5つ」をもって、奉仕するこ

とが大切であると説いています。

**①与える心を持つ**
**②親しみのある言葉、優しい言葉、安らぎの言葉をかける**
**③友人の役に立つことをする**
**④友人を自分と等しいと思う。同じ立場で、一緒になって考え行動する**
**⑤友人を欺《あざむ》かない、裏切らない**

また、友人も、次の5つをもって、この人に奉仕すべきであると教えています。

**①無気力になっている友を守る**
**②無気力になっている友の財産を守る**
**③恐怖に怯《おび》えている友を守る**
**④逆境に陥っている友を見捨てない**
**⑤友の子孫を大切にする**

友人に、感謝と報恩《ほうおん》の心をもって礼拝していく。そうすることで、友人との関係が揺るぎないものになります。

この「10」の奉仕・実践は、友人にかぎらず、「六方」すべての人間関係を育む要《かなめ》だと私は考えています。

私は、大学院生時代に、幼稚園で仕事もしていました。そのとき、アメリカの幼児教育を視察するためにニューヨークを訪れたことがありました。帰国前日、お土産を買いにミッドタウンを歩いていると、突然、大粒の雨に見舞われ、傘を持たない私は、雨宿りを余儀なくされました。

目についたビルのひさしで雨を避けていたのですが、雨足は強くなる一方で、やむ気配はありません。「走ってホテルまで戻ろうか。いや、自分は濡れてもいいけれど、お土産は濡らしたくない……」。

私が逡巡《しゅんじゅん》していると、ビルの中から出てきた背の高いビジネスマンが、持っていた傘を私に差し出してくれました。そして、傘がなくなった彼は、背中を濡らしながら、雨の中を駆け出していったのです。

帰国当日、私はもう一度その場所を訪れました。昨日のビジネスマンにお礼を言うためです。

私はビルの受付で、事情を説明しました。

「昨日、このビルで働いている方から傘を貸していただきました。けれど、その方の名前も、会社名もわかりません。ぼくはこのあと日本に帰らないといけないので、傘を返していただけませんか？」

受付の女性が、「そんなことを言われても……」と少し困った表情を見せたとき、受付の前を通りがかった男性が、「その傘の持ち主なら、このビルの15階にいらっしゃいますよ。訪ねてみてはどうですか？」と声をかけてくださったのです。

15階に上がった私は、驚きました。そこは役員フロアであり、傘を渡してくれた昨日の男性は、その会社のVIPだったからです。

彼の名は、コール。コールさんも、「わざわざ、傘を返しにきたのか！」と、私の訪問に驚いていました。私が「昨日のお礼に」と言ってお菓子を渡すと、コールさんは顔をほころばせて喜んでくれました。

コールさんは、私に傘を「与え」てくれた。私の「役に立とう」としてくれた。戸惑っている私を「守って」くれた。

私は、コールさんが私にしてくれた行為こそ、六方礼の本質であり、「人間としての正しい倫理の実践」だと思っています。


長野県の山奥に、小さなタクシー会社があります。

「中央タクシー株式会社」は、お客様の約9割が電話予約で占められ、流しの営業はしていないにもかかわらず、「売上高で長野県内トップ」のタクシー会社です。

以前、中央タクシーの宇都宮《うつのみや》司《つかさ》社長からお話を伺ったとき、「タクシー会社なのに、タクシーを乗り捨てた伝説の乗務員（ドライバー）」のエピソードを教えていただきました。


乗務員のAさんが、老夫婦を長野から成田空港までお送りしている途中、高速道路の大渋滞に巻き込まれてしまったそうです。「このままではフライト時間に間に合わない……」。そこで、鉄道に乗り換えていただくことに決め、最寄駅に向かうことにしました。無事に駅に着いてお客様を降ろしたあと、何を思ったのか、Aさんもクルマを降りてしまった。そして、この老夫婦と一緒に電車に乗って、成田空港まで向かったのです。

なぜ、Aさんはクルマを乗り捨て、空港まで同行したのでしょうか。それは、「東京駅で、お客様が迷わないため」です。

Aさんは、「このお客様が、自分の両親だったらどうするか」と自問自答をして、「自分の両親なら、最後まで見送る」と答えを出したのです。

お客様と同じ立場で、一緒になって考え行動する。だからこそAさんは、「伝説の乗務員」と呼ばれたのでしょう。

宇都宮司社長の父親で、創業経営者の宇都宮恒久《うつのみやつねひさ》会長は、タクシー事業を**「お客様の人生に触れ、安全を守る仕事」**ととらえています。

東日本大震災のときは、予約していたお客様の到着が「12時間遅れ」だったにもかかわらず、乗務員が空港で待っていたことがあります。

また、予想外の大雪で立ち往生し、予定のフライトにお客様が乗り遅れてしまったときは、空港近くのホテルに部屋を用意し、料理を出して、おもてなしをしたそうです。

宇都宮会長は、

「もっとも重要なのは、社内の人間関係を良好に保つことであり、人間関係がよければ、社風も明るくなり、それがお客様に対する態度にもあらわれる」と述べています（参照：プレジデントオンライン／２０１６年11月7日）。

長野の小さなタクシー会社に、お客様からの「感謝の声」が絶え間なく届くのは、社員が「６つの関係」を正しく守っている（正しく礼拝している）結果であると私は解釈しています。

ニューヨークのコールさんも、中央タクシーの伝説の乗務員も、その心根に流れているのは、「愛」です。

「愛」という字は、「心を受け取る」と書きます。

**「愛」とは、自分の思いや想いを伝えることではなく、「受け取る相手の立場に立って、接する」ことです。**

自分自身を他人の立場に置いてみることが、人間関係を上手に保つ知恵の出発点なのです。

# 006

## 挨拶は、「相手と争わないための最善の知恵」である

お寺では、幾度となく、「合掌低頭《がっしょうていず》」をする場面があります。

合掌とは、両手のひらを顔や胸の前で合わせて拝むこと。

低頭とは、頭を低く下げて礼をする（お辞儀をする）ことです。

私はこの、**「合掌低頭」こそ、挨拶の完璧な型であると考えています。**


禅宗では、問答を交わすことで相手の覚《さと》りの深浅《しんせん》（相手がどれくらい覚りを理解しているか）を試みることを「一挨一拶《いちあいいっさつ》」と言います。この「一挨一拶」が挨拶の語源です。

中国の禅の公案集（禅の問答集のこと）のひとつ、『碧巌録《へきがんろく》』には、「衲僧門下《のうそうもんか》に至っては、一言一句、一機一境、一出一入、一挨一拶に深浅を見んことを要し、向背を見んことを要す」とあります。

「禅坊主の一門では、ひとつひとつの言葉、ひとつひとつの動作、ひとつひとつのやりとりを通して、相手の覚りの深浅を見極めようとし、正しく向いているか、背いているかを見抜こうとする」

といった内容です。

「挨」には、「迫る」、「拶」には「切り込む」という意味があります。鋭い問いをもって相手の力量を試みるのが、「一挨一拶」です。

迫る、切り込む、相手を試すという姿勢には、温かみや親しみを感じないかもしれません。ですが、「一挨一拶」には、「心と心をぶつけ合う」「心を開いて接する」という、相手への好意が含まれています。

**日本の合掌低頭も、西欧のハグも握手も、他人と争わないための知恵の作法です。**

握手やハグは、元来、「武器を隠し持っていないことを伝える意思表示」だったといわれています。

同じように、仏教における合掌低頭も、

「私はあなたを受け入れる」

「私はあなたに敵意を持っていない」

ことを伝える所作です。

「低頭」という行為には、無防備な状態で自分の頭を差し出すことで、相手への信頼を示す意味があります。

そして**「合掌」は、「仏様と自分が一体になる」という祈りの姿です。**右手は仏様（清浄）、左手は自分自身（不浄）の象徴です。

目の前の人に合掌するときは、右手が相手（清浄）、左手が自分です。44ページでも述べているように、世の中のすべての人たちが、自分を導く「師」なのですから、手を合わせてお辞儀をするという行為は、

**「あなたと私は、相反する存在ではなくて、一緒の存在です」**
**「私は、あなたに心を開き、あなたを受け入れます」**
**「私の仲間として、友として、私の中にあなたを認めます」**

という友好の気持ちを体現しています。

霊長類において、同種間で殺し合うのは、ヒトとチンパンジーだけだといわれています。チンパンジーが同種殺しを行うのは、配偶相手や資源をめぐる適応的行動の結果です（参照：京都大学ホームページ／２０１４年９月29日／霊長類研究所の松沢哲郎教授らとミネソタ大学のマイケル・Ｌ・ウィルソン准教授らの研究成果）。

残念ながら、ヒト（人間）も、自分の欲のためならば、他者を犠牲にしてもいいという

精神を持っています。

しかし人間がチンパンジーと違うのは、「同種間での殺し合い」の愚かさに気づき、人間の知恵の集積として「宗教」を生み出し、争いをやめようとしたことです。

そして、「争わない」という意思表示として、仏教では「合掌」をするようになりました。

私は大学時代に、日本人医師のグループに同行し、ミャンマー（当時はビルマ）を訪れたことがあります。

10日間の滞在期間中、ホテルの不備、不衛生な食環境、盗難といったトラブルが相次ぎ、医師グループの不満が爆発。非難の矛先は、現地のコーディネーター（ミャンマー人女性）に向けられました。

彼女は、不平不満を浴びせられるたび、合掌し、「わかりました」と言って、そのすべてを引き受けました。冷静に考えれば、彼女の責任ではありません。それなのに彼女は、反論も、言い訳もしませんでした。

はじめは怒りを隠さなかった日本人医師たちも、やがて、彼女の真摯な姿勢に冷静さを取り戻し、彼女に「ありがとう」と合掌低頭するようになりました。

**敵対するのではなく、一緒に分かち合う。合掌低頭は、人間自身が生み出してきた、「相手と争わないための知恵の象徴」です。**

「おはようございます」「ありがとう」「いただきます」と挨拶をするとき、日常的に合掌低頭をしてみてはいかがでしょうか。

はじめは照れくささや恥ずかしさを覚えるかもしれませんが、合掌低頭が習慣になったとき、相手を受け入れ、相手からも受け入れられる人間関係が醸成されると思います。

# 007

## 本当の友だちは、
## 孤独の中からつくられる

私がはじめて「ひとりぼっち」を自覚したのは、小学校6年生のときです。

京都・奈良への修学旅行を控え、バスの席順を決めることになりました。先生は、「最後の思い出だから、好きな友だち同士で座っていいよ」と言い、クラス中が沸きました。私も、声を上げて喜びました。

「クラスで一番の親友、Iくんの隣に座れる！」

そう思ってIくんを見た瞬間、私の喜びは、悲しみと悔しさに変わりました。Iくんがほかの友だちと嬉しそうに手を取り合っていたからです。

ペアがどんどん決まっていく中、私と、もうひとりの男の子が、最後まで残りました。彼は、今でいう特別支援学級の児童です。私は自ら手を挙げて、彼の隣を選びました。

先生は、「さすが、生徒会長！」と褒めてくれましたが、私は少しも嬉しくなかった。人気投票で選ばれたはずの生徒会長なのに、孤独だったからです。

それからの私は、「うわべだけの親友はいらない」と思うようになりました。ひとりでいれば、傷つくことはありません。

中学に入ってからも、高校に進学してからも、私はひとりでした。友だちができても、深く関わろうとはしませんでした。心の中で「自分はいつも、ひとりだ」と言い聞かせ、なれ合うことを避けたのです。

仏教では、**「自分の心を観じて、自己の真実の姿を知ろうとする」**ことを**「内観《ないかん》」といいます。**私は「ひとりでいること」を選んだおかげで、結果として自分自身を深く知ることができました。

孤独だったからこそ、他人に振り回されることがなくなりました。誰かに愚痴ったり、甘えたり、頼ったりすることもなく、自立心を育むことができた気がします。

日本の文化の多くが江戸時代に確立されたのは、江戸幕府が鎖国をしたからです。外交・貿易を制限して、孤立状態だったからこそ、歌舞伎、浄瑠璃《じょうるり》、浮世絵といった日本独特の文化を開花させることができたのです。

**もしみなさんが「孤独」を感じているのなら、それは、チャンスであることを知ってください。自分の魅力を輝かせたいなら、まずは孤独であるべきです。孤独を受け入れたとき、人間は、本来の自分自身を感じることができます。**

寂しさを埋めたり、暇をつぶすためだけに、他人と関わることはありません。友だちをつくるなら、お互いを高め合える関係が理想です。

仏教では、「勝友《しょうゆう》」を持つことを教えています。**「勝友」とは、「優れた友」のことです。知恵と勇気、優しさと誠実さ、堅実さと大胆さ、美しさと豊かさを併せ持った友のことを「勝友」と呼びます。**

では、どうすれば「勝友」を見つけることができるのでしょうか。

ひとつは、孤独を知ることです。孤独の中で自分と向き合い、自分の魅力を磨くことです。自分が魅力的になれば、人間関係はあとからついてきます。

そしてもうひとつは、**「人から何々をしてもらいたい」という欲を捨てることです。**お釈迦様は、「与える者が友だち（勝友）をつくる」とおっしゃっています。「誰かに気に入られたい」とか「誰かにしてほしい」という思いを持つかぎり、心から尊敬できる友人には出会えません。

**「勝友」と交わりたいと願うなら、「人からもらう」ことではなく、「人に与えること」を考えてください。**

「自分の持っているもので人に与えられるものは何か」を考え、実践し続けていれば、どんな人にも必ず「勝友」があらわれるでしょう。

## 008

# 優れた人同士は
# 言葉を交わさなくても、気脈が通じ合う

作家、伊集院静さんが書いた『なぎさホテル』（小学館文庫）は、私が何度も読み返した本です。この本は、伊集院さんが「逗子なぎさホテル」（1988年に閉館）に逗留《とうりゅう》した経験を綴った、自伝的随想です。

当時の伊集院さんは、20代後半。入社した広告代理店を1年半足らずで辞め、故郷に帰る途中で「海を見よう」と立ち寄ったのが、逗子でした。ぼんやり海を見ているとき、「昼間のビールは格別でしょう」と声をかけてきたのが、「なぎさホテル」の支配人です。

伊集院さんは、支配人の厚意で「なぎさホテル」に逗留することになります。支払いが滞りながらも、家族同様の扱いを受け、7年もの歳月をこのホテルで過ごしたのです。

支配人は、伊集院さんに、こう言ったそうです。

「お金なんていいんですよ」「あなたひとりくらい何とかなります」「あせって仕事なんかしちゃいけません」「何をやったって大丈夫。私にはわかるんです」……。

伊集院さんが「旅に出る」と言えば、宿代もまだなのに、お金を包んで持たせたといいます。伊集院さんは、当時を振り返り、こう言っています。

「なぜ支配人があのときそう言ったかというと、青年が得か損かでは行動してなかったからだと思うんだよ。そして彷徨《さまよ》える青年を、別に彼らも損得勘定で見守ったわけじゃない。

でなきゃ7年も居ないし、居させません」(参照：『週刊ポスト』2011年7月22・29日号)。

伊集院さんが書いてきた小説の多くは、あのときに見聞きした出来事や着想がもとになっていて、そのすべてが「なくてはならないもの」だったそうです。

仏教に、「蜜蜜風《みつみつふう》を通《つう》ず」という言葉があります。

「究極の真理というものは、奥深いところで通じ合う」「優れた人同士は、言葉を交わさなくても、気脈（考え・気持ちのつながり）が通じ合う」という意味です。優れた人同士が出会うのは、深い部分で、お互いの感性が響き合うからです。

伊集院さんは「損得」を人生の価値基準にしない青年であったと同時に、人間的な深い魅力と、人としての正しさと、豊かな感性を備えていた。

そして支配人は、伊集院さんの「魅力」と「正しさ」と「感性」がやがて、必ず、小説として開花することがわかっていた。支配人が伊集院さんを逗留させたのは、深い部分で、気脈が通じ合っていたからだと思います。

まわりを見回してみると、良きご縁に恵まれて幸運をつかむ「運の良い人」と、それなりに一所懸命生きているのに、「運の悪い人」がいます。

仏教では、運の良し悪しは、「業」の善し悪しによって決まると説かれています。私たちは、身口意《しんくい》の三業、「行動すること（身）」「口に話すこと（口）」「心に思うこと（意）」を積み重ねて生きています。そして善業を積み重ねた人は、感性が高まり、良縁に恵まれます。悪業を積み重ねた人は、感性が鈍化し、悪縁を紡いでしまいます。**感性が豊かで奥深い人は、何か特別な才能があるからというわけではなく、「日々善きことを思い、善き言葉を話し、善き行いをする人」、つまり善業を積み重ねた人なのです。**

引き寄せる縁も、出会える人も、人のつながりも、その人の気脈や感性を反映していると私は考えています。本を読んだり、セミナーに通って「人脈術」を学んでも、「異業種交流会」に参加して出会いを求めても、その人の感性や気脈が整っていなければ、人生を変える「本当の出会い」は、見つけられないかもしれません。

人生を変えるほどの出会いを望むのであれば、まず、自分の心身を磨くことです。感性が磨かれたとき、「あなたにとって必要な人」「あなたの人生を変えてくれる人」が自然とあらわれるのです。

## 009

# 他人を生かすための行動は、回り回って、「自分を生かす」

２０１１年３月11日、「東北が未曾有《みぞう》の被害に見舞われた」ことを知った私の友人は、愛知県名古屋市からトラックを走らせ、すぐに被災地に向かいました。

彼が乗るトラックには、「カレー」の材料が、めいっぱい積んでありました。混乱する被災地に県外から入るのは、容易ではありません。数日かけて宮城県石巻市に入った彼は、石巻市内の小学校で、自衛隊と協力しながら、カレーの炊き出しをしました。

「被災地の力になりたい」という彼の献身性は、一時的なものではありませんでした。家族とともに東北に移り住み、現在も、支援活動を継続しています。

彼の名前は、セイエド・タヘル。パキスタン出身のイスラム教徒です。

タヘルさんが、命懸けで支援活動を続けているのは、彼もまた、たくさんの日本人に助けられてきたからです。

以前、タヘルさんは、私にこんなことを話してくれました。

「日本は、世界で一番自然が豊かで、世界で一番親切な国です。数十年前、多くの日本人が、パキスタンから来た私を支えてくれました。だから今こそ、日本に対して、そしてお世話になった人たちに対して、恩返しをするときなんです。復興には、まだまだ時間が必要です。だから私は、自分の今後の人生を東北に捧げようと思います」

仏教の言葉に「発菩提心《ほつぼだいしん》」という言葉があります。「発」は、「心を起こす（発露《はつろ》する）」こと。「菩提心」は、「自分以外の誰か、何かのためになりたいと願い行動する」ことです。

タヘルさんは、まるで、「発菩提心そのもの」です。

私も僧侶の端《はし》くれとして、「誰かの役に立ちたい」と思って生きてきました。しかし、彼には頭が上がらない。タヘルさんは、打算、計算、損得勘定を一切持たず、ただ純粋に「人を助けよう」としています。外国人であるタヘルさんから、私は「発菩提心」の本当の意味を教えていただきました。

彼のひたむきさは、人の心を打ち、人の心を動かしました。たくさんの人たちがタヘルさんに共感し、影響を受け、支援を申し出ました。

医療機器メーカー「株式会社東機貿《とうきぼう》」の佐多保彦《さたやすひこ》社長も、タヘルさんに共感したひとりです。佐多社長は、一般財団法人「連帯 東北・西南」を設立し、被災地支援を続けています（タヘルさんも、評議員のひとりです）。

「自分の生活さえままならないのに、人のために生きるなんてできない」「自分が損をしてまで、他人のために尽くす気にはなれない」と考える人がいます。

しかし、人間は「社会的動物」であり、「人の間」でしか生きていくことはできません。支え、支えられる関係の中で、人間は生きていく運命にあるのです。

たしかに、人間は本能的に、「自分を守りたい」「自分を生かしたい」と思うものです。でも、だからこそ、「発菩提心」を発揮して、他人のために生きてみる。私利私欲に走らず、タヘルさんのように「発菩提心」を心がけると、たくさんの人の協力を得られるようになります。そして、他人を生かすための行動は、結局は回り回って、「自分を生かす」ことにつながるのです。

**自分が生きるために、他人を生かす。他人を生かすことで、自分が生きる。それが「発菩提心」です。**

「発菩提心」の思いを持って、他人のために行動をする。その結果として、自分も多くのものを与えられ、「人から応援される」ようになる。私はそう思います。

# 第2章 ― 仕事の悩みとどう向き合えばいいのか

# 010

# 「書物」の中に、真理はない。
# 真理は、「実践」の中にある

仏教の多くの宗派では、「真理の規範は経典にある」として、経典を最後の拠りどころにしています。

ところが、禅宗は、経典を常用しながらも、「最後の拠りどころ」にはしていません。

なぜなら、禅宗は、「文字や理論に縛られず、身心をもって修行し、その体験により体得することが重要である」という立場を取っているからです。

「覚《さと》り」は、言葉によって書けるものではない。したがって、言葉や文字にとらわれてはいけない……。禅宗のこの基本的な考え方を、「不立文字《ふりゅうもんじ》」といいます。

禅宗で「坐禅」の修行を行うのは、「経験」から、覚りや真理に近づこうとするからです。

そもそも、お釈迦様は、自らの思想を語るだけで、教えを書き残してはいません。弟子たちにも「記録すること」を禁じていました。

原始仏教経典は、お釈迦様の死後、「教えを正しく整理して統一する」「教えの散逸《さんいつ》を防ぐ」ことを目的として、弟子たちが、それぞれ記憶していたお釈迦様の言葉を暗誦《あんしょう》し合い、編集したといわれています（経典の「結集《けつじゅう》」といいます）。

いかなる「経典」も、お釈迦様自身の手によって書かれたものではなく、後世の弟子たちによって書かれたものです。

お釈迦様が「書き残す」ことを禁じた理由は、「2つ」あると考えられています。

ひとつは、「焚書《ふんしょ》」（特定の思想、学問、宗教を弾圧するための手段として、書物を焼却すること）などによる焼失や紛失を避けるため。

もうひとつは、文字を拠りどころにした習読は、「表面的」だからです。

今の時代は、誰でも、どこにいても学べる時代です。便利なツールも、媒体も用意されていて、大量に、効率良く、学ぶことが可能です。

ですが、**テキストやマニュアルを読むだけでは、学びを血肉にすることはできません。なぜなら、「体験」や「実践」がないからです。**

私が懇意にしている華道家の下《もと》に、齢《よわい》80歳のご婦人が入門してきたそうです。

このご婦人は、華道に興味を持って独学で勉強をはじめていましたが、

「たくさんの本を読めば、技術は学べるかもしれない。けれど、本を読むだけでは、華道

「華道の真髄に近づくには、それを体現している先生に教えを請うしかない」と思い至ったそうです。

「知識」を得ることは重要です。しかしそれ以上に、先生の側にいて、その人の所作から「何かを感じる」、あるいは、自らの体験を通して実践的に学ぶことが「真髄」に近づく唯一の方法です。

体験による学びは、時間がかかります。ですが、体験をおろそかにすると、大切な「本質」や「真髄」が抜け落ちてしまう。だから禅宗では、「実践すること」を重んじているのです。

80歳の新人女性は、先生の一挙手一投足をよく見て、真似をして、「華道の真髄」を実感する努力を続けました。

ご高齢なので、若い生徒さんに比べると、カラダは動かない。けれど、このご婦人がいけるお花は、他の生徒さんのそれよりも、「生命の躍動感」にあふれていたそうです。

## 011

インターネットを使えば、
「スキル」は身につく。
けれど、「心」は身につかない

仏教の教えは、「面授《めんじゅ》」と「相承《そうじょう》」によって受け継がれています。

**「面授」とは、「対面して、師から直接、教えを授かること」「重要な教えを、師から弟子へ、直接伝授すること」。**

**「相承」とは、「師から弟子へ代々、仏の覚《さと》りの本体を伝え受け継ぐこと」**です。

空海《くうかい》（弘法大師）は、修行の現場を大切にする「面授」を重んじていました。

空海が、自分の先輩であり、友人であり、善きライバルだった最澄《さいちょう》（天台宗の開祖）に、『理趣釈経《りしゅしゃくきょう》』（理趣経の解説書）を貸さなかったのは、最澄が、書物によって学ぼうとする「筆授」を主流にしていたからだといわれています。

『理趣経』は、男女の愛や性を肯定する教義を持っていたため、経典を写しただけでは、誤解を生む可能性がある。だから空海は、「面授や修行なしに、経文を理解することはできない」と考え、安易に貸し出すことはありませんでした。

私は、学生時代に空手をはじめ、極真会館、白蓮会館といった、フルコンタクト空手の全日本大会などに出場したことがあります。

教本を読み、映像を見れば、空手の型や技を覚えることはできます。ですが、それだけでは、強くはなれません。**空手の「強さ」の本質とは、相手を倒すことではなく、「弱い自分を克服する心の強さ」だからです。**

「空手」という武道を通して、「道場」という場を通して、「先生や先輩」という人を通して、技術、礼節、決断力、行動力、勇気、我慢、思いやりなどを身につけることが、強さの源泉です。心と技は、別々に存在しているのではなく、「ひとつ」としてとらえるのが空手の本質です。

私は大学を卒業と同時に、空手からも卒業しようと思っていました。引退をかけた最後の大会で「3位」となった私は、有終の美を飾る「はず」でした。準決勝で負けたものの、悔しさはなく、清々しく空手人生が終わる「はず」でした。

「3位」は、決して恥ずかしい結果ではありません。しかし、道場の副代表から、「こんな情けない試合がおまえの集大成か？」「これで終わっていいのか」と、かつてないほど、叱責されたのです。副代表は、私にこう言いました。

「おまえは、準決勝がはじまって30秒過ぎに、一瞬、『もう十分に戦ったから、負けてもいい』と試合を投げただろう？　おまえの心技体、すべてを知っているオレには、そのことがわかる」

副代表の言うとおりでした。私は、試合の途中で、「この試合で負けても3位になれる」と納得し、心の奥で、戦いを放棄していたのです。

副代表は、自分を律することができなかった「私の弱さ」を見抜いていました。私は、自分自身に負けていたのです（私は引退を撤回し、道場を開き、現在は、後進に空手の指導を行っています）。

私は、副代表の直接的な指導があったからこそ、自分の心の弱さに気づき、「強さの本質」＝「自分を律すること」を理解できました。

インターネットや本（参考書）が日常的になったことで、誰でも、どこにいても、勉強することができます。

ですが、インターネットや本だけでは、「スキル」を身につけることはできても、「心」を磨いたり、「心得」を習得したり、「本質」に触れることは難しいと思います。

**人生の勉強は、「面授」と「相承」によって受け継がれていくものです。勉強をする上で大切なのは、「効率良く学ぶ」ことではなく、「先生から直接学ぶ」ことなのです。**

# 012

## 「一所懸命」や「本気」は人の心を動かす

『ダンマパダ』(真理のことば)という経典の中に、次のような詩句があります。

「たとい他人にとっていかに大事であろうとも、(自分ではない)他人の目的のために自分のつとめをすて去ってはならぬ。自分の目的を熟知して、自分のつとめに専念せよ」

(参照:『ブッダの真理のことば　感興のことば』中村元・訳/岩波文庫)

お釈迦様は、**「他人を立たせ、その結果として自分がつぶれてしまったら、それは愚かなことである。自分の目的のために生きなさい」**と説いています。

仏教では、「自分」という存在の確立が第一義です。けれどそれは、「他人よりも自分を優先する」という、自己中心的な発想ではありません。**「自分の務めに専念することで、結果的に他人のためにもなる」という意味を含んでいます。**

貿易会社に勤務する入社1年目の男性社員から、「会社を辞めようと思っているが、社長や上司の期待を裏切ることになるので、心苦しい」という相談を受けたことがあります。

彼は、大学卒業後に、留学プログラムへの参加を希望していました。けれど、募集対象の要項に「社会人としての実務経験」が挙げられていたため、参加条件を満たすために、いったん、就職することにしたのです。

「退社を前提に仕事をしている」ことに後ろめたさを募らす彼に、私は、「他人のためではなく、自分の目的のために生きることは、間違いではない」と前置きをした上で、

「百尺竿頭《ひゃくしゃくかんとう》に一歩を進む」

という禅語を授けました。

この言葉は、中国の禅宗史書のひとつ、『伝灯録《でんとうろく》』に記述されています。

「百尺（約30メートル）の竿の先端に達しても、なおその先に一歩進む」のたとえから、**「努力してすでに頂点に達していたとしても、その地位に安住せず、さらに努力と工夫を尽くし、精進せよ」という教えです。**

留学プログラムへの参加は、彼の目的です。したがって、「その目的を熟知して、専念する」ことは正しい。けれど私は、彼の仕事に対する姿勢に、違和感を覚えました。

彼は、「社長や上司の期待を裏切るのが苦しい」と言いながら、一方で「この会社で働いているのは、留学のため」と割り切っていて、「どうせ辞めるのだから……」と気を緩めているように見えたのです。

彼はまだ仕事をはじめたばかりで、「百尺の竿の先端」に到達していません。それなのに、「実務経験を十分に積んだから、もう辞めていい」と自己評価するのは、「慢心」です。

彼は、「今の仕事」と「留学」を切り離して考えていますが、そうではありません。「留学」は、今の仕事の延長線上にある。だとしたら、熱心に、本腰を入れて、目の前の仕事に一所懸命に取り組むべきだと私は思います。

一所懸命とは、「一つの所に命をかける」と書きます。吉田松陰は、**「人類が誕生して以来、一つのことに本気で取り組んでいる人の姿を見て、心を動かさなかった人はいません」**という言葉を残していますが（参照：『覚悟の磨き方 超訳 吉田松陰』池田貴将・著／サンクチュアリ出版）、「一所懸命」や「本気」は、人の心を動かします。本気度の高い人には、応援者、支援者があらわれるものです。

彼は今、退職を先送りにして、「百尺竿頭に一歩を進む」を実践しています。「百尺竿頭に一歩を進む」ための努力が、結果的に、留学の成功につながることがわかったからです。

仮に、あと数年で会社を辞めるにしても、仕事を極める努力をする。驕《おご》らず、謙虚に仕事と向き合って、「10年、20年、会社に勤めたつもり」で会社に財産をもたらしていく。その覚悟を持って「今」を生きることができれば、その後の人生も、おのずと開けます。

# 013

他人のしたことと、しなかったことを見るな。
自分のしたことと、しなかったことだけを見よ

人間は、他者と比較することで、自分の立ち位置や自分の価値を測っています。

ライバル心や競争心は、ときに原動力になりますが、いつも誰かと自分を比較していると、劣等感や嫉妬心で心が休まらなくなります。

今から5年ほど前に、会社員のNさんから、「会社での評価が低く、このまま会社に残るかどうか悩んでいる」という相談をいただきました。

「同僚よりも自分のほうが、一所懸命、仕事をしているのに、『評価が同じ』(賞与や基本給が同じ)」であることに、不公平感を覚えていたそうです。

仏教は、「自分自身が、どう生きるか」という、自らの生き方を問う教義です。『ダンマパダ』の中に、お釈迦様の教えとして、次の詩句が記されています。


「他人の過失を見るなかれ。

他人のしたことと、しなかったことを見るな。

ただ自分のしたことと、しなかったことだけを見よ」

(参照:『ブッダの真理のことば　感興のことば』中村元・訳/岩波文庫)


「給与が低い」と嘆くNさんに、私は、「給与は社長が上げるものではなくて、『自分』で上げるものかもしれません」とお伝えしました。

仏教では、「他人に気を取られ、自分をおろそかにする」ことを戒《いまし》めています。大切なのは、他人の評価を気にせず、自分の心の状態を省《かえり》みることです。

周囲の評価は、状況によって、風見鶏にように変わります。それなのにNさんは、周囲の評価に振り回され、自分を見失い、仕事がおろそかになっていました。

その後、Nさんは、奮起します。社内を説得して新規事業（インターネット物販事業）を立ち上げ、毎月数百万円の新たな売り上げをもたらすほど、貢献しました。

Nさんは、「これで評価が上がる。これで給与が増える」と期待しました。

しかし、Nさんの評価は、変わりませんでした。それどころか、Nさんは営業部から経理部に異動になり、「会計業務」を任されることになったのです。

不承不承《ふしょうぶしょう》、異動を受け入れたNさんでしたが、「お金の流れ」を管理するようになって、気がついたことがありました。

それは、「既存事業の強化や新規顧客の獲得のために、会社が積極的に利益を再投資している」ことです。

Nさんの会社は創業年数が浅く、まだ成長途上です。利益を社員に還元するより先に、販促費として使い、経営の安定化を図る必要がありました。「あのとき自分の給与が上がらなかったのは、会社の成長を優先したからだ」。Nさんは、社長の真意を理解したのです。

私のところに相談に来てから、3年後。ようやく社長から、「給料を上げようと思っている」と提案があったそうです。けれど、Nさんは「給与を上げていただかなくていい」とその申し出を断りました。

「わずかかもしれないがその分のお金を再投資すれば、会社はさらに大きくなる。そうなれば自分も、もっと大きな仕事ができる」と考えたからです。

**「他人のしたことと、しなかったこと」を見ず、「自分のなすべきこと」に注力した結果、Nさんは、給与よりも、スキルよりも、大切なものを手に入れました。それは、「信用」です。**自分を内省するようになったNさんは、周囲から「なすべきことをひたすらやる人だ」と認められるようになりました。Nさんは今、「最年少取締役」として活躍しています。

大切なのは、「自分がどのような行為をしたか」です。

**人のことをとやかく言うのではなく、「ただ、自分がどうであるか？」を冷静に観察することで、他者との比較から生じる妬みや劣等感から逃れることができるのです。**

## 014

先に「想い」がある。
その想いを叶《かな》えるために、
創意工夫が生まれ、
その先に思いやりに満ちた
美しい商品が生まれる

外資系企業の日本進出、国内企業の海外拠点拡大、外国人採用の増加など、日本企業のグローバル化が進んでいます。

先般、ある企業で講演をさせていただいたとき、参加者のひとりから、次のような質問が上がりました。

「日本企業は、アメリカ企業のように、インパクトのあるイノベーションを起こすことができない気がしています。今後、日本企業が世界を相手に勝つためには、何が必要でしょうか。禅の教えの中から、ヒントをいただけませんか？」

この質問をいただいたとき、私は、子どもの頃に衝撃を受けた、ある「米粒《こめつぶ》」のことを思い出しました。

ただの米粒ではありません。

福厳寺にはかつて、「般若心経《はんにゃしんぎょう》の一節が書かれた米粒」が所蔵されていました（現在は残っていません）。5ミリほどの米粒の中に、極細筆で書かれた文字が、びっしりと埋められていたのです。

私は、何度も、何度も、何度も、何度もこの米粒を見て、何度も、何度も、何度も、何度も衝撃を受けました。

般若心経（般若波羅蜜多心経《はんにゃはらみたしんぎょう》）とは、「智慧を理解し、自分の人間性を完成させるための教え」です。

般若心経の「般若波羅蜜多」とは、智慧の完成を意味するサンスクリット語の「プラジュニャー・パラミター」の音写された言葉です。

かつて日本では、安産の祈願として、「般若心経が写されたお米」を飲ませたことがあったそうです。

「お米」は、生きていく糧の象徴です。つまり、**「般若心経が写されたお米を飲む」という行為は、「命をつなぐ」と同時に、生まれてくる子どもに「智慧を授ける」ことでもありました。**

アメリカが世界ナンバーワンの経済発展を遂げた理由は、自動車や電気製品の発明と、それらの大量生産でした。

一方、戦後の日本が、どん底からGDP世界第2位の国まで這い上がることができた理由は、欧米が生み出した自動車部品や電気製品の品質を、その持ち前の真面目さ、器用さ、繊細さ、緻密さを発揮して、高め、深めたからです。

その後アメリカでは、IT関連事業が自動車や電気製品の事業を凌《しの》ぐ時代がやってきます。IT時代の寵児のひとりがアップル創業者の故スティーブ・ジョブズです。

ジョブズは、イノベーションの権化のようにいわれていますが、ジョブズ本人は、偉大な製品を開発したわけでもなく、世の中を変える革新的なアイディアを持っていたわけでもありません。

ジョブズが持っていたのは、「美学」と「徹底」です。

ジョブズは、結婚式も葬儀も、曹洞禅式で行っているほど、日本の禅に傾倒した人として知られていますが、**ジョブズのその美しく、繊細で、究極的なものづくりへの美学は、じつは、日本の風土と日本人に育まれた禅の影響を受けているのです。**

企業の栄枯盛衰を「過去・現在・未来」にわたって俯瞰して眺めたとき、今後台頭してくる企業は、大量生産、大量消費を促すだけの企業ではないことがわかります。

より繊細に、緻密に、誠実に、そして思いやりをもって人々の悩みや困り事に寄り添える企業になるはずです。

　時代は、ハード（建物、機械、道具などの形あるもの）から、ソフト（意識、教育、情報といった形のないもの）に移り変わっています。資源国でない日本が、今後世界に価値を提供できるとしたら、それは、日本人が培ってきた特有のソフトであるはずです。

　大自然への畏怖や敬意、農耕によって培われた共同意識、そうした環境に裏付けられた性格。つまり、思いやりや、繊細さ、器用さ、緻密さといった日本人の特性を、もっと評価し、活かしていくことです。

　日本は世界でもっとも早く、少子高齢化を迎える社会です。肉体的、精神的な弱者に対して、思いやりの心から利便性や快適性を与える製品やサービスを生み出すことは、今後、同じ道を辿《たど》る諸外国に対して、市場をリードすることになるのではないでしょうか。

　たとえば、日本の「温水洗浄便座」は今、世界中で驚きと感動をもって受け入れられていますが、私のイラン人の友人は、「自分もお父さんも、痔《じ》に苦しんでいるからこれは手放せない」と、真っ先に購入していました。

　たとえば日本の工作機械は、精密で安全性に優れ、シンプルで作業性がよい、と海外でも高い信頼を得ています。

たとえば日本の文房具は、バラエティーに富んでいて、かわいく、ユーザーが使いやすい細やかな工夫がしてあるという理由で、日本在住の外国人に人気です。

私が衝撃を受けた「般若心経を書き写した米粒」が象徴するものは、その器用さ、緻密さ、繊細さ、そして何より、「無事に元気な赤ちゃんが産まれてきてくれますように」という両親の想いでした。

**先に「想い」がある。その想いを叶えるために、創意工夫や技術が磨かれ、その先に新たな、思いやりに満ちた美しい商品やサービスが生まれる。**そんなことを「ひと粒の米粒」が教えてくれたのでした。

禅の教えから「日本企業のグローバル戦略」をひも解くならば、「大量に生産をして、大量に消費をして、大量に富を生む」というビジネスモデルから離れること。そして、勤勉さ、実直さ、器用さといった「日本人の特性」を発揮することだと思います。

## 015

# 初心を忘れないで、人知れず努力する。それが仕事の本分である

先日、会社員のMさんから、「転職をしようか迷っている」という相談をいただきました。入社して6年。自分では会社に貢献してきた自負がある。仕事も頑張っている。それなのに、給料や評価に反映されないことが不満で、「会社が認めてくれないのであれば、辞めてもいいのではないか」と思うようになったのです。

私は、彼の話をひと通り聞いたあと、「禅語」を2つ贈りました。

**「初心不改《しょしんふかい》」**

**「潜行密用《せんこうみつよう》」**

という禅語です。

「初心不改」は、禅の問答集『碧巌録《へきがんろく》』に出てくる禅語であり、

**「『何かしよう』と思い立ったときの『決心』を、変わらずに持ち続ける」**

ことです。

「潜行密用」は、中国唐代の禅僧（中国曹洞宗の開祖）、洞山良价《とうざんりょうかい》の残した言葉で、

**「目立たぬように、誰がしたかわからぬように、日常のささやかなことでも、手を抜かない」**

といった意味です。

洞山良价が作成した『宝鏡三昧《ほうきょうざんまい》』という漢詩の中には、次のような一節が残されています。

「潜行密用は　愚の如《ごと》く魯《ろ》の如《ごと》し」

「人が見ていないところで、なすべき善を、愚鈍にひたすら行う」という教えです。

「初心不改」と、「潜行密用」を実践して、人生を大きく切り開いた人がいます。

世界の一流シェフに名を連ねる「オテル・ドゥ・ミクニ」代表、三國《みくに》清三《きよみ》シェフです。

三國シェフは、子どもの頃、「ハンバーグをつくる料理人になりたい」と決心し、中学卒業後、夜間の調理師学校を経て、北の迎賓館と呼ばれた「札幌グランドホテル」で修業をはじめました。

札幌グランドホテルでの最初の仕事は、「従業員食堂の飯炊きの手伝い」です。

三國シェフは、「どぶ掃除でも何でもする」という思いで仕事に取り組み、飯炊きが終わったあとも、宴会場の皿洗いを一手に引き受けました。社員寮にはほとんど帰らず、厨房に残って、毎晩、料理の練習をしたそうです。

そして、18歳のとき、料理長補佐としてステーキワゴンを任されるまでに成長しました。子どもの頃の「初心」を果たしたのです。

その後、札幌を離れて上京し、「帝国ホテル」で働くことになります。しかし、札幌グランドホテルの料理長補佐といえども、帝国ホテルでは、「洗い場のアルバイト」のひとりにすぎませんでした。

2年経っても正社員にはなれず、北海道に戻ることも考えましたが、

**「たとえ戻ることになっても、日本一のホテルの洗い場を担当した者として、ホテルの鍋を全部、自分の手でピカピカに磨いてから去る」**

と誓い、

「ホテルにある18のレストランの洗い場をすべて手伝わせてくれ、お金はいらない」

と直訴。それから毎晩、自分の仕事が終わってから、すべてのレストランを回って、鍋を磨いたそうです。

そうして3ヵ月ほど経った頃、三國シェフは、「料理人の神様」と称されていた帝国ホテ

ルの村上信夫料理長から、思いもよらない提案を受けることになります。村上信夫料理長は、

「帝国ホテルの社長から、『600名の料理人の中で、いちばん腕のいい者を、ジュネーブの日本大使館のコック長に推薦してくれ』と言われ、キミを推薦した」

と言って、社員でもなく、一度も料理を披露していない「一介のアルバイト」を大役に抜擢したのです。

三國シェフは、「従業員食堂の飯炊き」をしていたときも、「洗い場のアルバイト」をしていたときも、自分の信念に従い、腐らず、自分のやるべき仕事を愚直に続けました。

村上料理長は、そんな三國シェフの「ひたむきさ」と、愚直に努力を続ける「心の強さ」に気づいていたのです。

先が見えなくても、自分の初心を失わない。そして、目の前のことに必死に向き合う……。野心や、評価や、私欲に心を動かされず、ただひたすらやり続けた結果として、三國シェフの前には、大きな道が開けたのです。

Mさんにも、初心があったはずです。

「この会社で、こういう仕事がしたい」という志や目標があったはずです。

その初心を成し遂げるために、たとえ、人に知られることがなくても、努力を続けることができたのであれば、私は、「転職をしてもいい」と思います。

しかし、人の目ばかり気にして、他人の評価を得るために行動をしているのであれば、転職は時期尚早でしょう。

なぜなら、**人間の価値は、他人の見ていないところでの行動で決まるからです。**

**他人の評価に一喜一憂するのではなく、自分の信条や本心に従って、愚直に生きる。自分が望む未来は、その先にしかないと私は思います。**

016

# 優秀な上司とは、自分の仕事を部下に任すことができる人

お釈迦様は、「弟子の能力を引き出す天才」だと私は感じています。仏教教団の急速な発展を陰で支えたのが、「十大弟子《じゅうだいでし》」といわれる高弟《こうてい》たち（弟子の中でもとくに優秀な者）でした。

彼らにはそれぞれ突出した能力があり、「○○第一」という別名を持っています。

たとえば、舎利弗《しゃりほつ》（シャーリプトラ）は、「智慧第一《ちえだいいち》」、目連《もくれん》（マハーマウドガリヤーヤナ）は「神通第一《じんつうだいいち》」と称されています。教団を率いていたのはお釈迦様ですが、自らが運営に乗り出していたわけではありません。弟子の特性を見極めた上で、彼らに委任しています。

現代の組織論に当てはめて検証をしてみると、「仏教教団の繁栄は、お釈迦様（上司）から権限を委譲された弟子たち（部下）が、主体的に動き、自分の能力を発揮した結果である」と私は解釈しています。

お釈迦様のいとこにあたる阿難《あなん》（アーナンダ）は、長い間、お釈迦様のそばで奉仕して、他の誰よりも多くの説法を聞いたため、「多聞第一《たもんだいいち》」と呼ばれています。

お釈迦様の入滅後、経典の結集《けつじゅう》が行われました。結集とは、弟子たちが記憶にとどめておいたお釈迦様の言葉を「経典」として編集する会議のことです。

結集の中心的な役割を果たしたのが、阿難です。

私たちが今、お釈迦様の教えに触れることができるのは、阿難がお釈迦様の教えを数多く記憶していたからです。仏教を後世に伝えた立役者といえるでしょう。

阿難は、十大弟子の中で、覚りを開くのがもっとも遅い弟子でした。じつは、阿難が覚りを開いたのは、お釈迦様の入滅後だといわれています。どの弟子たちよりも長い時間、お釈迦様のそばにいたのに、どうして阿難は覚ることができなかったのでしょうか。

おそらく、本人の中に、「側近」というよりも、「従者」（付き人）としての意識が強かったからだと私は推測しています。だから、自主性に蓋をしていたのです。

ですが、結集という大役を任されたことで、阿難は覚った。お釈迦様の教えを反芻《はんすう》するうちに、お釈迦様の真意に気づくことができたのです。

トップ（上司）の業務権限の一部を部下に分け与えて、本人の裁量で仕事をさせることで、組織は成長します。

本田技研工業株式会社の創業者、本田宗一郎が「技術者」に徹することができたのは、藤沢武夫に経営の全権を任せたからです。本田宗一郎が技術の天才なら、藤沢武夫は、経営の天才でした。

また、アップルの創業者、スティーブ・ジョブズと一緒に世界を変えたスティーブン・ウォズニアック、ビル・ゲイツとともにマイクロソフト社を創業したポール・アレン、ソフトバンクグループ・孫正義社長の懐刀といわれる宮川潤一など、成長企業には必ず、権限を委譲された「名参謀」が存在しています。

組織を発展させるためには、メンバー全員が、最大限の力を発揮する必要があります。そのためにも**組織を預かるリーダーは、積極的に、部下に仕事を任せるべきです。なぜなら、責任のある仕事を任された部下は、自主性や自律性を育み、成長するからです。**

仕事を上手に任せるには、相手のレベルに合わせて、「なぜ」「何を」「どうやって」「その結果どういう状態を得たいのか」を伝えることが大切です。

とくに大切なのは、**「なぜ」それをやるのか、意味や意義を繰り返し伝えることです。**

そして、**一度任せたら中途半端に口出しせず、信頼して全部投げ入れたほうがいいのです。**

信頼された人（任された人）は、「なぜ」に対して自由に発想し、あらたな「どうやって」を生み出していきます。すると、あらたな「どうやって」が、独自の技術やサービス、ノウハウとなって蓄積していくのです。

017

# 事業のやり方に「筋《すじ》」が通ったとき、利益は、自《おの》ずと出はじめる

私は、32歳のときに起業をしました。その後、仏教理念に基づいて、社員、お客様、利益に恵まれるしくみを構築し、複数の会社を立ち上げました（38歳のときにお寺に戻ることを決意して、現在は、事業の全権を移譲しています）。

「売り上げ」と「利益」は、どちらもその会社の経営状況（業績）を評価する重要な指標となりますが、私が重きを置いていたのは、「売り上げを上げる」ではなくて、「利益を出す」ことでした。

「経営」も、「利益」も、本来は仏教用語です。「経営」の「経」は、「糸」のことです。織物は、「縦糸」と「横糸」で織られていますが、私は、人の道も、「縦糸と横糸が織り重なって、組み合わさってできている」と解釈しています。

縦糸は、「真っ直ぐに筋道が通っていること」です。

横糸は、「自由に変化をしていくこと」をあらわしています。

そして「営」は、「営み」を示し、「実行すること」「怠ることなく励むこと」の意味です。

「変わらないもの（縦糸）」と「変えなければいけないもの（横糸）」を両方取り入れながら、自分の人生を営んでいくのが、「経営」の基本です。

「利益」は、仏教では「りやく」と読みます。「りやく」とは、仏様や菩薩から与えられる恵みのことですが、この恵みは、「他人のためになる行い」「周囲から喜ばれる行い」の結果としてもたらされるものだと考えられています。

寒天のトップメーカー、「伊《い》那《な》食品《しょくひん》工業《こうぎょう》株式会社」（長野県伊那市）の塚越《つかこし》寛《ひろし》会長は、「トヨタ自動車株式会社」の豊田《とよだ》章男《あきお》社長が「師匠」と呼ぶほどの経営者です。粉末寒天の生産技術開発と用途拡大功績により「黄綬《おうじゅ》褒章《ほうしょう》」を、製造技術の近代化の功績により「旭日《きょくじつ》小綬章《しょうじゅしょう》」を受章しています。

先般、塚越寛会長にお話を伺う機会を得たのですが、塚越会長は、

「数字を追求せず、『いい会社をつくりたい』という一点を目標にしてきました。『良い会社』は売り上げの数字で測れますが、『いい会社』の価値は数値化できません。経営のあるべき姿とは、社員が幸せになるような会社をつくり、それを通じて社会に貢献することだと思います」

とおっしゃっていました。塚越会長が考える「いい会社」とは、経営上の数字が良いだけではなく、会社を取り巻くすべての人々から「いい会社だね」と言われる会社のことです。

自主的に始業前に出勤し、ある人は竹ぼうき、ある人は草かきを持って掃除をする。

出勤する際に車で会社の敷地に入るときは、「右折」しない（社員の車が何十台も右折しようとすると、後続車が詰まってしまい、渋滞の原因になってしまうから）。

スーパーなどの駐車場では、お店の入口から離れたところに駐車する（お店に近いところに駐車スペースができて、妊婦さんや年配の方、荷物の多い方への親切につながるから）。

駐車場のまわりに木や花があるときは、植物に排気ガスがかからないように「前向き駐車」をするなど、「伊那食品工業」の社員は、「まわりに迷惑をかけない」「少しでも人の役に立つ」ことを大切にしています。「忘《もう》己《こ》利《り》他《た》」（己を忘れて他人を利する）の結果として、「伊那食品工業」は「48年連続の増収増益」を成し遂げたのです。

「自分の儲け」を求めるのではなく、「誰かの『困った』を解決したい」という発想の上に、人や世の中のためになることをすれば、私たちが「利益（りえき）」と呼んでいるものが自然と手に入るようになります。

会社が行っている事業、あるいは事業のやり方（経営）が「筋の通ったもの」であれば、利益は出るし、間違っていれば出ない。

利益とは、あくまで、事業、経営のよしあしの結果なのです。

018

# ビジネスで大切なのは「お金」よりも「元気」

ビジネスという文脈において、「お金」はとても大切です。売り上げや利益が出なければ、経営を続けることはできません。ですが私は、お金よりも大切なものがあると考えています。それは、「気」です。

東洋思想の中心は「気」です。東洋思想では、世の中を動かしてるエネルギーのことを「気」と呼んでいます。

唐代の禅僧・無業禅師《むごうぜんじ》は、誰に対しても「莫妄想《まくもうぞう》」（妄想すること莫《なか》れ）と唱えたといいます。「莫妄想」とは、

**「現実からかけ離れた空想や夢想をしたり、考えてもしかたのないことをあれこれ思い悩むことはない」**

という教えです。

「こうなったらどうしよう、ああなったらどうしよう」「売り上げが上がらなかったら、どうしよう」「景気が悪くなったら、どうしよう」「お客様がこなくなったら、どうしよう」と、望ましくない想像にとらわれていると、「気」が滅入ってしまいます。

自然界のエネルギーは、「大気」「空気」「天気」。人間を動かすエネルギーは「元気」。元気を失って体のエネルギーが減ってくると、「病気」になります。経済を動かしているのは、

「景気」です。そして、「景気は、社会全体の気分である」と言う人もいます。

したがって、**ビジネスを続けていく上でもっとも危険なのは、「お金」を失うこと以上に、「弱気になること」「気力がなくなること」だと私は考えています。**

私の師匠、霊峰武三《れいほうぶさん》（福厳寺前住職）が、かつて、神奈川県で牧場を営むAさんから相談を受けたことがありました。

「経営が苦しくて、このままでは、祖父の代から続いている牧場を閉鎖しなければなりません。どうすればいいか、迷っています」

悩みを聞いたあと、師匠は、「本質的な問題は、Aさんが妄想にとらわれ、気力を失っていること」だと見抜きました。そして、「事情はわかりました。仏様の前で、自分の心とよく向き合ってみなさい」と言って、Aさんを福厳寺の本堂に連れて行ったのです。

Aさんが本堂に一礼して、お賽銭《さいせん》を投げようとしたその瞬間、師匠は一喝しました。

「あなたは今、お賽銭の額はいくらがいいのか、迷いましたね。どん底の状態でここまでやってきて、これから仏様と向き合おうというときに、どうしてお賽銭の金額を気にするのか。『100円では多すぎるから、10円にしよう』という、そういうあなたの小さな心、小さな迷い、小さな判断が会社をダメにしているのではないか。仏様の前で、迷ってはいけない。妄想してはいけない。帰りの電車賃のことなんか、気にしてはいけない。財布に手を入れて、小銭をつかんだら、そのまま投げなさい！」

師匠に一喝され、Aさんは、気持ちを入れ替えました。「牧場を続ける」と腹を決め、銀行を説得し、融資を受け、牛糞を堆肥に変える機械を導入したのです。その後、ガーデニングブームが到来し、Aさんの堆肥が利益を生むようになりました。新しい機械でつくった堆肥は、使いやすく、臭いも気にならなかったからです。

牧場の経営が好転した一番の要因は、Aさんが「迷い」を断ち切ったことです。妄想に心を惑わすことなく、経営者としての覚悟を決め、「今、できること」に腐心した結果、Aさんは「元気」になり、そして、会社の「景気」が上向いたのです。

**やめるなら、やめる。進むと決めたら、進む。問われているのは、経営者の姿勢です。**「あっちに行こうか、こっちに行こうか」と、いつまでも迷わない。まだ起きてもいない未来の出来事にクヨクヨしない。ビジネスを盤石にするには、経営者が「莫妄想」を心がけて、「気」を減らさないことだと思います。

# 019

# 「努力」や「才能」よりも大切なのは、仕事に対する「姿勢」である

多くのビジネスマンは、「努力」と「才能」の2つが、結果を生み出す源泉であると考えています。

「一所懸命努力をしているのに、いつまでもうだつが上がらず、報われない人がいます。一方で、ポッと出てすぐに成功する人もいます。結果を出すために必要なのは、努力でしょうか。それとも、才能でしょうか？」

こうした質問をいただいたとき、私は、こうお答えしています。

**「努力も才能もどちらも必要ですが、それ以上に、仕事に対する『姿勢』が結果の差につながると思います」**

結果を出す人に共通しているのは、「仕事に対する真摯な姿勢を持っている」ということです。とくに、次の「3つ」の姿勢を大切にしています。

**①反常合道《はんじょうごうどう》**

**……一見、常識に反するようなことをしているようで、実は理に適《かな》っていること。**

結果を出す人は、常識にとらわれず、人と違う発想をする。世の中の常識と違うこと、人がやっていないこと、人に反対されたことをあえてやってみることが大事。

株式相場の世界に「人の行く裏に道あり花の山」という格言があるように、利益や結果を得るには、ときに、他人とは逆の行動をとらなくてはならない。

**②身語意平等《しんごいびょうどう》**

**……自分の「思い」と、自分の発する「言葉」と、自分の「行動」が一致していること。**

思い、言葉、行動が一致している人には、「嘘」も「迷い」もないので、周囲の応援を得ることができる。

身語意のそれぞれのエネルギーが別の方向に向かっている人は、言行不一致となって、信頼されない。

**③要行即行《ようこうそっこう》、要坐即坐《ようざそくざ》**

**……「行こう」と思ったらすぐに行く。「座ろう」と思ったらすぐ座る。ようするに、「行動を起こすまでのスピードが速い」ということ。**「すぐやる人」と「なかなかやらない人」の差は大きい。

福厳寺の先代で、私の師匠である霊峰武三は、「反常合道」「身語意平等」「要行即行、要坐即坐」の実践者です。

師匠は、

「福厳寺を中心に、慈悲の世界を実現したい」

「お寺は、大勢の人たちの癒やしの場であり、学びの場である」

という思いを具現化するための身口意《しんくい》に努めました（＝身語意平等）。

そして、檀家制度を会員制度に改め、点在する土葬墓地を新墓地に集結改葬するなど、新時代に向けての土台作りに専念したのです（＝反常合道）。

師匠は、1976年3月に、「学校法人福厳寺学園」を設立し、同年4月に「太陽幼稚園」を開設しています。

幼稚園を建てるには、「億単位」の費用が必要です。寺の住職に億単位の自己資金はありませんから、自ら、資金集めに奔走しました（＝要行即行、要坐即坐）。

自己資金も、担保も、保証人もありません。師匠にあったのは、「夢」だけです。銀行に融資の交渉に出向いた師匠は、支店長の前で「夢」を語りながら、頭を下げました。

「今の子どもたちに欠けているのは、気力です。感性と気を育てる教育こそ、これからの学校教育には必要です。私は、太陽と花と山の緑に包まれて、虫や小鳥が群れをなすこの大自然のふところに、子どもの楽園をつくりたい。どうか、お力を貸していただけませんか」

先代の熱意にほだされた支店長は、こう返事をしたそうです。

「保証人はいないのですよね。保証人がいなければ、融資を受けることはできません。であれば……、私が保証人になりましょう」

支店長は、その日が初対面だった先代に、「自分が保証人になる」と名乗り出てくださいました。支店長を動かしたのは、師匠の「姿勢」だったと思います。

資金集めだけでなく、園児の募集も、先代が自ら行いました。公園で子どもたち相手に紙芝居を読んだり、チラシを配ったり、父兄との信頼を深め、少しずつ、園児を増やしていったのです。

太陽幼稚園が創立40年を迎えることができたのも、「反常合道」「身語意平等」「要行即行、要坐即坐」を心がけた師匠が、多くの方の支援・応援をいただいた結果です。

**仕事に対する姿勢が整っていなければ、努力を続けることも、才能を生かすこともできません。**

人と違う発想を持つ。言行を一致させる。そして、「やる」と決めたらすぐに行動に移す……。「反常合道」「身語意平等」「要行即行、要坐即坐」の実践こそが、ビジネスで結果を出すための要諦なのです。

# 第3章 — お金に惑わされない考え方

020

# お釈迦様が教える お金持ちになる方法

先日ある方から、「お釈迦様は、『煩悩や欲に惑わされてはいけない』と言っているのですよね。だとすれば、仏教は、お金儲けを否定しているのですか？」という質問をいただきました。仏教では、お金を罪悪視してはいません。お金を稼ぐことも否定していません。『大荘厳論《だいしょうごんろん》』という経典には、「人間が幸せになるためには、次の4つが大事である」と記されています。

①健康第一の利……健康であること
②知足第一の富……生活を安定させること
③善友第一の親……善き友を築いていくこと
④涅槃《ねはん》第一の楽……自分以外の人たちの役に立ちながら、生きていくこと

そしてこの4つの教えの中から、お釈迦様が考える「お金との向き合い方」を読み解くことができます。

アメリカ富裕層研究の第一人者であるトマス・J・スタンリー博士とウィリアム・D・ダンコ博士は、1万人以上の億万長者にインタビューとアンケートを実施し、資産、年収、

職業、消費行動のタイプを調査しました。彼らは、億万長者の共通点を、次の「7つ」にまとめています。

①収入よりはるかに低い支出で生活する
②資産形成のために、時間・エネルギー・お金を効率よく配分している
③お金の心配をしないですむことのほうが、世間体を取り繕うことよりもずっと大切だと考えている
④社会人となったあと、親からの経済的な援助を受けていない
⑤子どもたちは経済的に自立している
⑥ビジネスチャンスを摑《つか》むのが上手だ
⑦ぴったりの職業を選んでいる
（参照：『となりの億万長者―成功を生む7つの法則』斎藤聖美・訳／早川書房）

この「7つ」の億万長者の共通点は、実はお釈迦様が2500年前にすでに説かれていることです。

**①収入よりはるかに低い支出で生活する（知足）**

「生活の安定のためには、お金は必要である」と考えるのが仏教の立場です。しかし、「知足」とあるように、**「お金は必要であるけれど、必要以上のものを求めてはいけない。分相応のところで満足しなさい」**と、お釈迦様は説いています。

**②資産形成のために、時間・エネルギー・お金を効率よく分配する（健康、善友）**

**お金持ちは、心身が健康であることの重要性を理解しています。**たとえば睡眠は、生活習慣病リスクを下げ、あらゆるパフォーマンスを上げるため、健康であるためにもっとも大切な要素です。しかし、お金に恵まれていない人ほど、睡眠を軽視します。

また、どんなに忙しくとも、家族や大切な人に時間やエネルギーやお金を惜しんでいては、健全なビジネスは育ちません。

**③お金の心配をしないですむことのほうが、世間体を取り繕うことよりもずっと大切だと考えている（知足、健康）**

世間体を取り繕う行為は、見栄を張る行為です。見栄を張る行為は、自分に必要なものが見極められていないからです（不知足）。見栄を張る理由は、自分に自信がなく、劣等感を抱えているからであり、精神的に不健康な状態です。

**④社会人となったあと、親からの経済的援助を受けていない（善友）**

仏教では、親も配偶者も子どもも、先生も生徒も、上司も部下も、すべて善友です。善友は智慧と慈悲を兼ね備えた、ひとりの自立した人間です。そのような善友として接し、育て、育てられる関係を構築できる人は、お金持ちになれます。

**⑤子どもたちは経済的に自立している（善友）**

とくに子どもが成人しても自立していない家庭は、親が高齢になるにしたがって、生活がどんどん苦しくなってしまいます。

**⑥ビジネスチャンスを掴むのが上手だ（健康、知足、善友、涅槃）**

ビジネスチャンスは、誰にでも訪れます。ただし、準備を怠らなかった人だけがそのチャンスを掴むことができます。せっかくのチャンスを、心身の健康を損なっていたために……、欲に駆られて自分だけ得しようとしたがために……、良き人間関係を自分の周りに築いてこなかったために……、そして自分に自信がなく、心が安定していなかったために……、摑めない人が大勢います。

どんなお金持ちであっても、「健康」「知足」「善友」「涅槃」の4つの条件をすべて完全に満たしている人はいません。けれども、経済的に恵まれている人は、4つのうちのどれかひとつでも、突出して優れた状態にあったり、それぞれが高度に満たされていたりするものです。

一方、これらのどれかひとつでも欠落していたり、全部が低いレベルにある人は、ビジネスチャンスが巡ってきても、摑み育てることは難しいでしょう。

**⑦ぴったりの職業を選んでいる（健康、知足、善友、涅槃）**

多くの場合、「自分にぴったりの職業」の種は、幼い頃にまかれています。幼少期に好きだったこと、得意だったこと、夢中になったことの周辺や延長に、ぴったりの職業があるものです。

草花の種は、土にまいただけでは育ちません。適切な光、水、栄養分などの条件が揃わなければ、実を結ばないのです。「ぴったりの職業」も、その種が発芽し、花を咲かせるには、やはり、健康、知足、善友、涅槃という4つの条件が必要となります。

億万長者を研究したスタンリー博士とダンコ博士は、「億万長者のほとんどは、ありふれた職業と家庭を持つ『普通の人々』だった」と結論づけています。

ではなぜ、普通の人々が億万長者になれたのでしょうか。それは、彼らが足るを知り、「倹約に努めた」ことがいちばんの要因です。

禅寺には、「お金持ちには4つの種類がある」という言い伝えが残されています。

①お金持ちのお金持ち
……お金を持っていて、そのお金を「人の役に立つこと」に使える人。

②お金持ちの貧乏人
……十分なお金を持っているのに、「もっと欲しい」と欲張る人。自分の欲を満たすためだけにお金を使う人。

③貧乏人のお金持ち

……あまりお金は持っていないが、困っている人がいたら、私財を投げ出す人。

④貧乏人の貧乏人

……お金もなく、心の豊かさもない人。

「たくさん稼いでいる人」が、お金持ちなのではありません。仏教では、「自分の収入に見合った等身大の生活ができる人」「困っている人のためにお金を使う心の豊かさを持っている人」のことを「お金持ち」と解釈しています。

「知足」を実践する人には富がもたらされる。もたらされた富を困っている人のために使うと、その善行に報いるように、また富がもたらされる。こうして富の循環が生まれるのです。

# 021

# お金は、「本当に大切なもの」を手に入れるための道具である

仏教の教えは、「小欲《しょうよく》（少欲）・知足《ちそく》」です。「小欲」とは、持っていないものをたくさん求めないこと。「知足」とは、すでに持っているもので満足することです。

「欲望」というものは、満たせば必ず、「もっと、もっと」と次の欲望を生み出します。したがってお釈迦様は、「あまり欲張らないで、満足することを知れ。欲をコントロールしなさい」と説いています。

欲望とは、現状に満足しない気持ちのあらわれです。すでに得られているものに満足していれば、「もっと欲しい」という欲を少なく（小さく）することができます。

質素な暮らしぶりから、「世界で一番貧しい大統領」と称された南米ウルグアイのホセ・ムヒカ前大統領は、報酬の大部分を財団に寄付しています。

ホセ・ムヒカ前大統領は、「世界で一番貧しい」という称号について、

**「私が思う『貧しい人』とは、限りない欲を持ち、いくらあっても満足しない人のことだ。でも私は少しのモノで満足して生きている。質素なだけで、貧しくはない」**

と述べています（参照：朝日新聞デジタル／２０１６年3月31日）。

モノを買って、物質的に満たされたとしても、心が貧しくなっては、元も子もない。そ

う考えるホセ・ムヒカ前大統領は、「小欲・知足」の体現者です。

以前、あるお坊さんから聞いたお説教は、「小欲・知足」の本質を示すものでした。次のような内容です。

「知的障害のある子どもが、ある施設に預けられました。施設の先生は、『この子が社会できちんと生きていけるように』と考え、『お金の使い方』を教えました。勉強を教えたあと、先生は、1円玉、5円玉、10円玉、50円玉、100円玉、500円玉を並べて、子どもに質問をしました。

『この中で、いちばん価値が大きなお金はどれ？』

するとこの子は、500円玉でも、100円玉でもなくて、『10円玉』を指差したのです。

先生が何度質問しても、彼は、『10円玉』を選びました。

『どうして、10円玉を選ぶのだろう……？』

やがて先生は、その理由に気がつきました。

彼は週に1度、公衆電話から母親に電話をかけていました。施設に設置されていたのは、『10円玉』しか使えない、ダイヤル式の古い電話です。この子が母親と話をするには、500円玉でも、100円玉でもダメだったのです。

先生が、『10円玉を選んだのは、お母さんと話ができるから?』と聞くと、その子は『そうだよ』と微笑みました」

硬貨の客観的な価値と、この子にとっての主観的な価値は、イコールではありません。客観的に数字を比べた場合、10円玉よりも、100円玉や500円玉のほうが価値は明らかに大きい。

しかし、この子どもにとって、もっとも大切なことは、「母親と話をする時間」であり、そのために必要だったのは、公衆電話に投入する「10円玉」でした。10円玉があれば、それで満足だったのです。

**「お金」は、「本当に大切なもの」を手に入れるための道具でしかありません。「小欲・知足」を実践するには、はじめに、自分自身の生活を省みて、自分にとって、「本当に必要なもの」「本当に大切なもの」を明らかにすることです。**そして次に、「本当に必要なもの、本当に大切なものを手に入れるためには、いくら必要か」を考えます。

「自分が足るを知るには、これくらいのお金が必要だ」ということがわかっていれば、お金だけに安定を求めたり、ひたすらお金を追いかけることはなくなるはずです。

## 022

# 貧しさから逃れたければ、人のために惜しみなく与える

前述したように、仏教では、「自分の収入に見合った等身大の生活をする」「困っている人のためにお金を使う」ことによって「富の循環」が生まれると考えています。

ですが、この教えに反論する人もいます。「自分が金銭的に潤っているのであれば、その余分を相手に与えてもいい。しかし、自分が困っているのに、人に与える余裕はない。他人の幸せよりも、自分の幸せを優先すべきではないか」というのが、反論者の言い分です。

しかし、自分が儲かっていても、儲かっていなくても、

「先に、他人に与える」

「先に、他人の役に立つ」

のが、仏教の教える富の方程式です。

仏教には、『三尺箸《さんじゃくばし》の譬《たと》え』という説話（寓話）があります。

ある男が「地獄」を覗いてみると、罪人たちが食卓を囲んでいました。食卓にはたくさんの食事が並べられていましたが、なぜか罪人たちはみな、ガリガリに痩せていたのです。

不思議に思ってよく見ると、彼らは、1メートル以上（3尺）もある長い箸を使っていました。

箸を必死に動かしますが、箸が長すぎて、ご馳走を口の中に入れることができません。やがてイライラして怒り出す者があらわれたり、他人がつまんだ食べ物を横取りするなど、醜い争いがはじまったのです。

次に男は、極楽を覗いてみました。

すると、極楽に往生した人たちが、食卓に仲良く座っていました。極楽でも、地獄と同じように、1メートル以上の長い箸を使っていたのですが、箸の使い方が違いました。極楽の住人は、長い箸でご馳走をはさむと、「どうぞ」と言って、他人の口の中にご馳走を運んであげていました。

ご馳走を口にした住人は、「ありがとうございました。今度は、お返ししますよ。あなたは、何がお好きですか」と言って、お返しをする。極楽では、みんなが喜び合って、感謝し合いながら、楽しく食事が進んでいたのです。

地獄では、「自分さえよければいい」と先を競い、争った。しかし極楽では、「お先にどうぞ」の気持ちで相手を思いやった。だから、すべての人が食事を楽しむことができたのです（参照：『華厳の思想』鎌田茂雄・著／講談社学術文庫）。

この寓話は、**「先に与えるから、相手からも与えられる」「相手の幸せを優先するから、相手からも大切にされる」**という循環を象徴していると思います。

私が住職を務める「大叢山 福厳寺」は、1476年（室町時代）に建てられ、創建540余年です。

「福厳寺のような大寺は、お布施が高くつくから儲かるだろう」と心ない発言をする人もいましたが、そうではありません。先代の武三和尚は、子弟の育成と幼稚園の創立・運営に私財を投げ出し、40年間、無給を貫きました。

福厳寺が廃寺にならず、540年以上にもわたって、尾張地方に住む人々の信仰を集めることができたのは、先代をはじめ、30人の歴代住職（私は31代住職）が、覚悟を持って、私欲を捨て、人々の喜びのために、奉仕の精神を発揮してきた結果です。

**貧しさから逃れたければ、人のために惜しみなく与える。与えられたから与えるのではなく、「先に与えるから、与えられる」のが仏教の原則です。**

# 023

# お釈迦様が教える「正しいお金の稼ぎ方」と「正しいお金の使い方」

人間の苦しみの多くは、欲望や執着によって引き起こされます。だからお釈迦様は、「小《しょう》欲《よく》・知足《ちそく》」を説き、身の丈に合った生活をすることを説きました。私が講演会などで、「小欲・知足」についてお話しさせていただくと、「小欲・知足」＝「お金を稼いではいけない」と結びつけて解釈される方がいらっしゃいますが、それは誤解です。

**仏教ではむしろ、経済活動を肯定しています。正しくお金を使うことを前提に、「たくさんお金を稼ぎなさい」と教えているのです。**

仏教の経典の中には、お金の「稼ぎ方」と「使い方」に言及した教えがあります。『増支《ぞうし》部経典《ぶきょうてん》』という経典の中には、「財を得る人の条件」について、次のように記されています。

「世に店の主人が午前に熱心に業務に励み、日中に熱心に業務に励み、午後に熱心に業務に励むならば、これらの3つの条件を備えている店の主人は、いまだ得ていない財を得、またすでに得た財を増やすことができる」

「蟻が食べ物を集めるように働くと、その人の財は自然に増える。あたかも蟻の塚が高くなっていくようなものである。このように財産を集めると、その人は、家族にじつによく利益をもたらす主人となる」

また、『増支部経典』では、お金の使い方として、「業務によって得た財で生活が安定したら、余力を寄付する」ことを勧めています。

「貧しい人に布施をすると同時に、出家者（修行に適した環境に入って、修行に没頭する人）に布施をすること。信者は托鉢に出た出家者に布施ができるほどの経済的な余裕がなければならない」

また、『相《そう》応《おう》部《ぶ》経典《きょうてん》』という経典では、お金の使い方について、「得た財産は、4分割して使う」と、具体的なノウハウに言及しています。

①自分の生活を安定させるために使う（生活費）
②農業や商業など、自分の仕事の資金として使う（投資）
③人に貸して、利息を取る（投資）
④蓄える（貯金）

『増支部経典』と『相応部経典』に共通しているのは、「一所懸命仕事をしてお金を稼ぎ、自分の生活を安定させたら、余ったお金は貯め込まないで、他人のために使いなさい」と記していることです。

**仏教では、財産を貯め込むことに執着して、自分にも他人にも使わない人を「愚者」、財**

**産を得たら、自分でも使い、困っている人のためにも使う人を「智者」と定めています。**

『日本でいちばん大切にしたい会社』（あさ出版）という本があります。シリーズ6巻が出て、ロングセラーとなっている本です。著者の坂本光司氏は、元法政大学大学院・政策創造研究科教授で、中小企業経営に関する研究を専門としています。坂本氏は、40年以上の歳月をかけて、全国の企業約8000社を実際に訪ね歩いて調査した結論として、「利己的な企業はいつか頓挫《とんざ》する」と述べています。

そして、会社経営とは、「『五人に対する使命と責任』を果たすための活動」であると断言し、さらには5人を幸せにする順番まで示しています。

それら5人と、幸せにする順番とは、

①社員とその家族
②外注先・仕入れ先企業の社員とその家族
③顧客
④地域社会

です。

⑤株主や出資者

この順番に利益を分配しようとする営みが、まさに「智者」の経営であり、その逆である、株主優先、短期利益追求、という、利己的な経営が「愚者」の経営だといえます。

稼いだお金を貯め込んだり、自分のためだけに使うことが問題なのであって、お金をたくさん稼ぐことは、悪いことではありません。

**「しっかり働いて、たくさんお金を稼ぐ。そして、自分にも他人にもお金を使って、正しく循環させる」。これが仏教の教える「経済活動のあるべき姿」です。**

# 第4章 ―― 病気と健康をどうとらえたらいいのか

# 024

# 死ぬときがきたら、静かに死を受け入れる。それが、迷いから抜け出す最良の方法

「災難に逢う時節《じせつ》には災難に逢うがよく候《そうろう》
死ぬ時節には死ぬがよく候
これはこれ災難をのがるる妙法《みょうほう》にて候」

この言葉は、大愚良寛《たいぐりょうかん》（江戸時代の曹洞宗の僧侶）が、俳人、山田杜皐《やまだとこう》に宛てた見舞いの一文です。山田杜皐は、1828年に起きた新潟三条の大震災で、子どもを亡くしていました。

災難に遭っても、慌てず騒がずに、困難な状況を受け入れる。死ぬときがきたら、静かに死を受け入れる。

災難や死は、自然の摂理です。私たちがどれほど手を尽くしても、逃れることはできません。だとしたら、**現実を見据えて、受け入れる。困難に立ち向かうのではなく、ありのままの自分と向き合う。それこそが、「心の迷いから抜け出す最良の方法」であると、良寛和尚は述べています。**

私の母の友人、劉永鎮さんは、ガンを患っています。ガンが発覚した当初、劉さんは「なぜ、自分だけがこんな目に遭わなければならないのか！」と怒りを覚えたそうです。

しかし、仏教徒の劉さんは、ガンを憎み、自分の境遇を怨み、病気と戦おうとする瞋恚《しんに》（怒り、憎しみ・怨みなどの憎悪の感情のことを、仏教では瞋恚と呼び、人間が克服すべき苦しみの根源としています）が自分の心と体を蝕んでいることに気づき、病気を受け入れることにしました。

そして、「病気になったのだから、しょうがない。死ぬ運命にあるんだから、しょうがない。歳をとるのも、病気になるのも、死ぬのも、すべて自然の摂理だから、ジタバタしてもしょうがない」と、潔く開き直ったのです。

劉さんは仏教の教えに従って、心を静かに落ち着けて、「今を生きる」ことに気持ちを切り替えました。

もちろん、ガンを放置したわけではありません。治療もしている。通院もしている。けれど、現在の劉さんは、「何がなんでも、ガンをやっつけなくてはいけない」という瞋恚にとらわれていません。病気である自分を受け入れているのです。

劉さんは、避けては通れない死を嘆くのではなく、「今」を後悔しないように生きようとされていました。仏前での祈りと、菩薩行《ぼさつぎょう》（人の役に立てることを、積極的に、喜んで成すこと）を積極的になさっていました。

幸いなことに、劉さんは、今も元気です。劉さんのガンは縮小しています。「死ぬ時節には死ぬがよく候」と「生」への執着を捨てたことでストレスがなくなり、結果的に、症状の改善につながったのかもしれません。

福厳寺の会員（檀家）の中には、「85歳以上」の方がたくさんいらっしゃいます。健康長寿な会員の方々に、「長生きの秘訣は何ですか？」とお尋ねをすると、多くの方が、同じことをおっしゃいます。

**「病気になっても、慌てずにジタバタしないこと」**
**「病気になっても、淡々と、粛々と、いつもと同じ毎日を送ること」**

ガンには、手術療法、化学療法、放射線療法、食事療法など、さまざまな治療法がありますが、仏教の観点から「受け入れる」という療法もある気がしています。

生老病死からは、何人《なんぴと》も、いかなる人であっても、誰であれ例外なく、逃れることはできません。だとすれば、「残された人生をいかに生きるか」を考えたほうがいい。「生老病死」を受け入れることができれば、死への恐怖や、生への執着から離れて、穏やかな気持ちになれる。それがお釈迦様の教えです。

## 025

# 「当たり前のこと」を当たり前にやるだけで、心も身体も健やかに整う

曹洞宗では、「行事綿密《ぎょうじめんみつ》」といって、日常生活の微に入り細にわたり、「綿密」な規定がなされています。

曹洞宗の開祖・道元は、仏教思想書『正法眼蔵《しょうぼうげんぞう》』の「洗面の巻」で、歯の磨き方を次のように解説しています。

「楊枝《ようじ》をよく嚙《か》んで、歯の上、歯の裏を磨くように洗う。歯のもと（歯肉）の上もよく磨き洗う。歯の間もよく楊枝でかいて、洗う。その後、舌をこそぎ洗う」

洗面のしかたも、「洗い桶のお湯をくみ取って、額から両方の眉毛・両目・鼻の穴・耳の中、頭や頬まで、脂《やに》や垢《あか》をこすって洗う。耳の裏とまぶたの裏も洗う。お湯を無駄に使ったり、桶からこぼしてはいけない。唾や水を桶の中にたらしてはいけない」と、細かく決められていました。

また、『正法眼蔵』の「洗浄の巻」では、用の足し方（トイレの使い方）にまでルールを設けています。

「トイレに行くときは、必ず手巾《しゅきん》（手ぬぐい）を持って行く。その方法は、手巾を二重に折り、左のひじの上に当て、衣の袖の上に掛けるのである。トイレに入ったら、竿《さお》に手ぬぐいを掛ける。掛け方は、肘に掛けたように掛ければいい。もしも、衣を着ていたならば、手ぬぐいに並べて掛けなさい。落ちないように掛けなければならない、軽率に投げ掛けてはいけない」

「トイレで用を足すときは、その両側や前後を汚してはいけない。また、用を足している最中は、言葉を発してはいけない」

「尻を洗い浄めるときは、右手に浄桶を持ち、左手をよく濡らしてから、左手をすくう形にして水を受け、まず小便をした部位を3回洗浄する。次に、大便をした部位を3回洗う。この部分の洗浄は決まり通りにし、いつも清浄にしておかなければならない」

私はどちらかといえば「大雑把」な性格ですから、曹洞宗大本山「總持寺《そうじじ》」での修行中、内心では、「そんなに細かく決めなくてもいいじゃないか」と反発する気持ちもありました。

しかし、嫌々ながらしかたなく、行事（日常生活の当たり前のこと）をルールに従って綿密に行ったところ、自分の心と身体が整っていったのです。

私が、大本山「總持寺」で修行をはじめたのは、大学を卒業してすぐでした。本山では、一瞬一瞬を大切にして、真剣に生きる修行が続きました。

本山に入った最初の10日間で、私の体重は、77キロから62キロまで、15キロも落ちています。

食事の内容が変わったことも理由のひとつですが、それ以上に、体重減のきっかけは、「作法」を重んじた（行事綿密を徹底した）からだと思います。

修行に入る前の私は、日常生活を「なんとなく」「何気なく」「自分が好きなように」「楽なように」過ごしていました。

しかし、禅寺では、歯を磨くときも、顔を洗うときも、トイレに入るときも、食事をするときも、服を脱ぐときも、布団を敷くときも、ひとつひとつの動作と手順が決められていました。

**一挙手一投足を意識して身体を動かすと、大きなエネルギーを消費します。その結果として、身体が引き締まっていったのです。**

また、**手順を踏んで、時間をかけて、歯を磨き、顔を洗ううちに、「身体の汚れ」だけでなく、「心の垢」「心の汚れ」まで流れ落ちていくような感覚がありました。**

「歯磨き」や「洗面」という日常のささいな振る舞い、当たり前の振る舞いの中に、私は大きな充実感を覚えるようになったのです。

作法に従って歯を磨くことは、突き詰めると、「自分の人生を一所懸命に生きること」でした。

心理学者で、早稲田大学名誉教授の加藤諦《たい》三《ぞう》先生は、「悩んでいる人は、現在の自分の悩みが今までの生き方の結果だということを理解しない。今まで長年にわたっていい加減な生き方をしてきた『垢』が悩みという形を取って表れたのだと言うことを理解しない〜（中略）〜小さな小さな些細な日常の生活のいい加減さが長い間に垢となって身に付いてきたのである」とおっしゃっています（参照：加藤諦三ホームページ「加藤諦三の言葉〜神経症者の要求の特徴3」）。

先生のこの解釈は、とても仏教的であり、私も同意見です。

**衣服の着脱、洗面、手洗い、排せつ、食事、清潔といった基本的な生活習慣を私たちは、「いい加減」に行ってきたのかもしれません。その「いい加減さ」が「垢」となり「悩み」となり、私たちを苦しめているのです。**

日々のひとつひとつを大切に行う。
当たり前のことをいい加減にしない。
そうすれば、心と身体が健やかになる。それが、道元禅師の教えです。

026

# 薬に依存しないで、健康を維持する方法

もっとも「長生きする職業」は、何だと思いますか？

福島県立医科大学の森一教授が報告した「昭和55～57（1980～82）年における10種の職業集団の平均死亡年齢と死因に関する調査」によると、もっとも長生きだった職業は、「僧侶」でした。

驚くことに、この報告書には、「僧侶」は奈良時代から長寿の職業である、と記載されていたそうです（参照：読売新聞・YOMIURI ONLINE「ヨミドクター」／2014年5月23日）。

この調査は、今から30年以上前のものですが、現在でも、僧侶には長生きする人が多いと思います。

どうして、僧侶は長生きなのでしょうか。僧侶が長生きなのは、安易に薬に頼らず、「本来《ほんらい》の面目《めんもく》」に従っているからだと私は考えています。

仏教では、「すべての人間は、生まれながらに、本来的な力（本性）を持っている」と考えています。この力のことを「本来の面目」と呼んでいます。

たとえば桜は、春が過ぎて花が散っても命の活動を続けています。夏がくると花芽（小さな芽）をつけ、秋に葉が落ち、冬は眠りについて、春の訪れとともに花芽が大きくなって、開花します。桜が毎年咲き続けるのは、「自然の力」（本来の面目）が備わっているからです。


医学的に解釈すれば、**「本来の面目」とは、「自然治癒力」や「免疫力」のことです。**そして**禅宗では、「本来の面目」を発揮するために、「睡眠」を大切にしています。**

本山で修行をはじめると、ほとんどの小僧（修行中の僧侶）が、慣れない環境にストレスを溜め込み、風邪を引きます。私も風邪を引きました。

ですがやがて、丈夫な身体を手に入れ、風邪を引かなくなる。「雪の中を裸足で托鉢に行く」といった厳しい修行を行っても、体調を崩すことはありません。

小僧が次第に健康になるのは、

「日の出とともに起き、日の入りとともに寝る」

というサイクルによって「本来の面目」が発揮されたから（自然治癒力や免疫力が上が

ったから）だと私は考えています。

東京医科大学では、「成人若年層においては、とくに夜間のインターネットやスマホ使用を控えて入眠状況を改善させることが疲労回復の一手段となる」という研究結果を発表していますが（参照：東京医科大学ホームページ「睡眠時間の確保と睡眠の質の向上」）、僧侶は昔から、

「質の高い睡眠は、自然治癒力や免疫力を高める」
「しっかり眠ることで、心と身体が健やかになる」

ことを経験的に知っていました。

だから、早く寝て、早く起きた。僧侶の健康は、規則正しい「睡眠」がもたらしています。

浪人中の受験生、Mくんから、

「勉強に集中できません。ときどき、『どうして勉強をしなければいけないのか。こんな思いまでして大学に行く必要はないんじゃないか』と疑問に感じるときもあって、やる気が

出ません。どうすれば、集中力を高めることができますか？」

という相談をいただいたことがあります。私の答えは、単純明快です。

「勉強しないで、寝なさい」

イギリスの神経科学者、エイドリアン・オーウェン教授が「睡眠不足によって、意思決定や問題解決、記憶で極めて重要として知られる前頭葉と頭頂葉の活動が、ぐっと減ってしまう」と述べているように、不規則な睡眠は、集中力の低下につながる原因にもなります。睡眠不足は物事を考えたり覚えたりする認知機能の低下を招き、集中を妨げます（参照：「ＢＢＣ ＮＥＷＳ ＪＡＰＡＮ」２０１７年7月10日）。

したがって、勉強に身が入らないときの最善策は、

「遅くまで起きていないで、すぐに寝る。そして、朝もゆっくり起きる」

ことです。

その後、Ｍくんは、「夜10時に寝て、自然に目が覚めるまで寝る」ようにしました。そして、早寝をして3日目には、「やる気が戻った」といいます。

睡眠不足が解消されたことで、「なぜ、勉強するのか」「どうして大学に行くのか」を冷静に考えることができるようになって、勉強に対する意欲を取り戻すことができたのです。「迷ったら寝る」「疲れたら寝る」「飽きたら寝る」を心がけた結果、1ヵ月後には成績が上がり、見事、志望校に合格することができました。

また、過食症とうつ症状に悩んでいる主婦から、次のようなお悩みをいただいたこともありました。

「気持ちが落ち込んだときには、子どもを殺して、自分も死のうと思うときがあります。家事をする気も起きず、ここ最近は、夜中まで引きこもって、テレビを観たり、インターネットのウェブサイトを閲覧しているだけです。母親らしいことも、妻らしいことも、何もしていません。こんな私にも、生きる価値があるのでしょうか？」

私の答えは、Mくんのときと同じです。

「早く寝てください。夜、眠くなったら寝て、朝、目が覚めたら起きるという、当たり前のサイクルを取り戻してください。そして、お掃除でも、食事の用意でも、少しずつでいいから……、できる範囲でかまわないから……、自分のやれることだけでいいから……、なすべきことに取り組んでみてください」

1ヵ月後、彼女からメールが届きました。そのメールには、こう書いてありました。

「ご住職にアドバイスをいただいたあと、夜更かしをせずに、早く寝るようにしました。すると、少しずつですが、気持ちが前向きになってきたんです。

まだ過食症は治っていません。でも今では、主人や子どものために食事をつくり、洗濯をし、掃除をしています。2人ともとても喜んでくれます。私は、2人の笑顔をもっと見たい。

だから、良い母、良い妻になれるように努めていきたいと思います。ありがとうございました」

医療の進歩にともない、私たちは、「薬、治療、手術に依存する傾向」にあるのではないでしょうか。

心の健康も身体の健康も、本来、自分の力で維持するものだと思います。そのためには、規則正しい睡眠習慣を身につけるべきです。

**寝る直前には、脳に強い刺激を与えない。サウナ、食事、飲酒、スマホ、ゲーム、仕事などは避けて、リラックスする。質の高い睡眠こそ、人間の本性にもっとも即した健康法だと思います。**

# 027

食事は、空腹を満たすものではない。
健康な生命を支える源泉である

禅宗では、食事をいただく前に、「五観《ごかん》の偈《げ》」を唱えます。

「五観」とは、僧侶が食事の際に心得るべき、5つの観念のことです。

そして「偈」とは、「仏様の教えを詩句の体裁で述べたもの」です。地球上のありとあらゆるものに命がある。ですから、感謝の心を持って、その「命をいただく」ことを意識しながら食事をします。

**・五観の偈（現代語訳）**

**①この食事がどのようにしてできたかを考え、自然の恵みと多くの人々の働きを思って、感謝をします。**

**②自分の行いが、尊い生命と労力によってできたこの食をいただくに価するものであるかどうか、反省します。**

**③心を清く、正しく保ち、あやまった行いを避けるために、貪《とん》・瞋《じん》・痴《ち》（貪欲、怒り、愚痴）の3つの過ちを持たないことを誓います。**

**④食とは良薬であり、身体を養い、正しい健康を得るためにいただきます。**

**⑤今この食事をいただくのは、己の道を成し遂げるためです。**

大学時代の私は、グルメと飽食に明け暮れていました。しかし、本山で修行をするようになって以降、食事は生きていく根本であることを知り、食と命のつながりを学びました。食事を大切にしなければ、私たちの身体は枯れるように衰えます。私は幼少期からアレルギー喘息と乾燥肌に悩まされていたのですが、精進料理を口にするようになってからは、症状が改善されています。「五観の偈」にあるように、食事はまさしく「良薬」なのです。

私の師匠は、1976年3月に「学校法人福厳寺学園」を設立し、同年4月に「太陽幼稚園」を開設しています。「食育」にも取り組んでいますが、ここ数年、食事に無頓着で、無批判で、無秩序な保護者が増えている印象です。

食材も、栄養も考えない。食品添加物が使用されていても、人工的につくられた食品でも、気にしない。食品を食卓に並べるだけでは、命を支えることは不可能だと思います。子どもたちの心と身体の乱れは、食の乱れが原因です。

「禅的な食生活」の良さを引き継ぐことが「健康な食事」を実現する要《かなめ》だと私は考えています。

禅的な食生活の特徴は、以下の「6つ」です。

**①納豆、味噌、梅干、たくあんなどの発酵食品を食べる（発酵菌は、腸内で悪玉菌と戦う大事な働きをする）**

**②小麦粉を控える（小麦粉にはグルテンが含まれていて、グルテンには腸内の悪玉菌を増やす作用があり、消化不良や栄養の吸収阻害、便秘、下痢、むくみなどの原因につながる）**

**③バランスよく食べる（肉、魚、野菜など、選り好みせず肉も魚もバランスよく食べる。主食、主菜、副菜を基本に食事のバランスを考える）**

**④味付けを濃くしない（濃い味付けの食事には、たくさんの塩や砂糖が使われている場合がある）**

**⑤空腹になる前に食べる（お腹が空いていると、食べ過ぎてしまう。少しお腹が空いたくらいで食事をすると、腹六分目でも満足感を得られる）**

**⑥時間をかけて丁寧に食べる（「五観の偈」にあるように、感謝の心を持って、食事をする）**

僧侶の長寿の秘訣は、睡眠だけではありません。「食事」も、命を支える大切な作法です。食事とは、単に空腹を満たすものではなく、健康な生命を養う源です。献立に気を配るとともに、飲み過ぎや食べ過ぎを戒める心が、健康への近道となります。

# 028

# 「使命感を持って、毎日を生きる」ことが、健康長寿の秘訣

日本人の平均寿命は年々延びていて、１００歳を超える高齢者は、過去最高の7万人超となっています（厚生労働省発表／２０１９年9月13日）。

「青汁」で有名な「キューサイ」が行った調査では、**元気に１００歳を迎えている人の「約7割が、毎日、足腰を使う運動や軽作業を行っている」**

**「約5割が家庭や施設の中で、何らかの役割や日課、ルーティン（庭そうじ、草むしり、畑仕事など）を持っている」**

ことが明らかになっています（参照：「キューサイ」１００歳まで楽しく歩こう／１００歳１０００人実態調査　２０１７）。

２０１３年に満１１６歳で亡くなった木村次郎右衛門《きむらじろうえもん》さんは、「男性史上もっとも長生きした人物」です。木村次郎右衛門さんも、90歳まで畑仕事を続けていたそうです。

**仏教では、「地域や家庭の中で、自分の役割を持つこと」が健康長寿の秘訣であると教えています。**

道元禅師が、中国・宋の天童山景徳寺《てんどうざんけいとくじ》で修行をしていたときのことです。

ある暑い日に、老いた典座《てんぞ》（禅寺の食事係）の僧が庭でキノコを干していました。老僧の背中は弓のように曲がり、眉は鶴のように白い。頭には笠《かさ》もかぶらず、額からは汗が流れ落ちている。道元が老僧に年齢を聞くと、「68歳」だという。当時の68歳といえば、今でいえば100歳を超えているかもしれません。

あまりに大変そうに見えたので、道元が「ご自分でなさらずに、誰か若い者にやらせてはいかがですか」と思いやりの言葉を述べると、老僧は、

「他《た》はこれ吾《われ》にあらず」

と答えました。

「他はこれ吾にあらず」とは、「他人がしたのでは、自分がしたことにはならない」という意味です。「自分に任された役割を、他の者にさせてしまっては、自分の修行にならない」

道元はさらに、「そうだとしても、今は暑いさかりですし、日が暮れて涼しくなってから仕事をされてはどうですか？」といたわりの言葉をかけました。

すると老僧は、

「更《さら》に何《いず》れの時《とき》をか待《ま》たん」

と答えました。

「今でなくて、いったい、いつやるのか」「今やることに意味がある」というのです。

「他はこれ吾にあらず　更に何れの時をか待たん」という老僧の言葉は、禅の心の何たるかを端的にあらわしています。それと同時に、**「使命感を持って、毎日を生きる」ことが、健康寿命を延ばす妙法《みょうほう》である**ことを教えてくれます。

私がインドで見かけた90歳の老人も、使命感を持って生きていました。この老人は荒れた道路に轍《わだち》ができるたび、黙って穴を埋め、車輪のあとを消し続けていたのです。

「道を整えるのがあなたの仕事なのですか？」と私が問いかけると、老人は、笑いながら、「そうじゃないよ」と答えました。

「轍をそのままにしておけば、トラックが転倒するかもしれないだろう？　だから、放ってはおけない。お金をもらえるわけじゃないけど、これは、オレにしかできない重要な使命だと思っているんだ」

「使命」とは、「命」を「使う」と書きます。「自分にできること」「自分がやるべきこと」を見つけ、それに向かって命を使っていくことが、「長寿の秘訣」なのかもしれません。

029

# 僧侶が、長寿の職業と呼ばれる「5つ」の理由

名僧といわれた人たちは、長寿が多い。

法然上人80歳、親鸞上人89歳、栄西《えいさい》禅師74歳、一休禅師88歳……。40歳で高齢者といわれた時代に、はるかに長寿です。

前述した福島県立医科大学の森一教授の調査では、僧侶が長生きする理由として、「食事」と「瞑想《めいそう》」の2つを挙げています。


**「①食事」……「食べ過ぎなどに注意して、摂生を心がけている」**

**「②瞑想」……「瞑想の時間を取り、精神的なゆとりを持っている」**


私も、この2つの理由には賛成です。

禅寺では「食事」も仏道修行のひとつですから、度を過ごして飲食することはありません。低カロリー・低脂肪の精進料理を、毎日決まった時間にいただきます。

禅寺で「粥《かゆ》」を食べるのは、道元禅師が「粥有十利《しゅうゆうじり》」（粥には十の功徳がある）と考えていたからです。

日常的に「瞑想」することも、心身をリラックスさせる上で大切です。

僧侶も人間ですから、ときには悩み苦しんだり、心が波立ったり、感情を持て余すことがあります。

しかし、それでも**僧侶が凛として見えるのは、「怒り」「悲しみ」「憂い」「思い」といった感情を坐禅や瞑想、読経《どきょう》によって鎮《しず》め、引きずらないようにしているからです。**

私は、「①食事」と「②瞑想」のほかにも、長寿の理由があと「3つ」あると考えています。**「③睡眠」「④呼吸」「⑤運動」**です。

私は毎晩、夢も見ずにぐっすり眠っています。「夜中に何度も目が覚める」ことも、「よく寝た気がしない」こともありません。

「睡眠」の質が高いのは、「早く寝る」からです。禅寺の僧侶は、午後10時には就寝し、日の出前（午前4時か午前5時）に起床します。

私は以前、整体師として睡眠指導も行っていましたが、患者さんには、**睡眠の質を変えたいなら、「早起き」よりも、「早く寝る」ことを心がけてください**、とお伝えしていました。

禅寺の僧侶に倣って、「3日間」だけでいいので「午後10時前に寝る」ようにすると（朝は、自然に目が覚めたら起きる）、それだけで身体の代謝も、頭の回転も格段に速くなります、とアドバイスしていました。

次に「呼吸」ですが、「長生き」は、「長息《ながいき》」からはじまります。

**僧侶は、坐禅を組むときも、読経するときも、長く息を吐いています。深くゆっくりとした呼吸は、副交感神経の働きを高めるので、リラックス効果が期待できます。**

そして最後は、「運動」です。

禅寺では、生活の中でじつによく体を動かします。

たとえば、掃除。私が修行をした曹洞宗大本山「總持寺」は、廊下をすべてつなげると8キロにもなる。それを毎日、ぞうきん掛けします。

本堂は、畳千畳敷き（1008畳）の広さです。掃除機などは使えませんから、お寺の掃除は、常に全身運動です。

僧侶を長生きにしている理由は、「①食事」「②瞑想」「③睡眠」「④呼吸」「⑤運動」の「5つ」が、生活の中に自然と溶け込んでいるからです。

ですがそれ以上に、お釈迦様の「ある教え」が、僧侶の長寿を導いていたと私は考えています。その教えとは……、

**「自分の心を傷つけてはいけない」**
**「自分を大事にしなければいけない」**

という教えです。

仏教は、数千年という歴史の中で、「自分を傷つけるもの」を排除してきました。しかしそれは、「長生きすること」が目的だったわけではありません。「自分も、他人も傷つけない」ためにどう生きるかを追究した結果として、「長寿」という恩恵を受けるに至ったのです。

**お釈迦様が、他人を傷つける行為をいさめたのは、他人の悪口や非難が、いずれ自分に返ってきて、自分自身を傷つけることになるからです。**

他人を傷つけなければ、自分が傷つくことはありません。

自分が傷つかなければ、他人を傷つけることもありません。

この「5つ」を実践することは、健康はもとより、自分も他人も、幸せな人生に近づくことでもあります。

みなさんも、自分を大事にするために、そして、他人を大事にするために、禅寺の生活スタイルを取り入れてみてはいかがでしょうか。

# 第5章 ― 子どもや家族の悩みとどう向き合えばいいのか

# 030

## 自分でさえ自分のものではないのに、どうして子が自分のものであろうか

苦しみを生む原因のひとつは、「何かに執着する」ことです。「こうあってほしい」という思いを「執着」と呼びます。お釈迦様は、「私たちの世界は、自分の思い通りにならないことばかりである」という真理を説いています。

知的障害の子ども（小学校低学年）を持った母親（T子さん）から、相談をいただいたことがあります。母親は、子どもの将来を悲観し、「こんな子に産んでごめんね」と自分を責め、「どうして自分は、健常者の母親ではないのか」と葛藤していました。

母親を苦しめているのは、「こういう子どもに育てたかった。こういう母親になりたかった」という執着です。

お釈迦様は、**「そもそも、子どもは、親の思い通りにはならないのだから、『こういう子どもであってほしい』と期待することが間違いである」**と指摘しています。

しかし母親は、「出産前に思い描いていた憧れ」と現実の狭間で思い悩んでいたのです。

私の友人にも、知的障害児（Aくん）の父親がいます。私は彼に、「夏休みの間だけ、Aくんをお寺で預からせてほしい」と申し出ました。福厳寺は幼稚園を併設しているので、「園児たちと一緒に遊ばせてあげたい」と思ったのです。

友人は、「障害のある子どもの面倒を見るのは、簡単ではない。あの子は、大人の思い通りにはならない。それに、Aは家を離れたことがないので、心配だ」と遠慮しました。

私は、「それでもいいから」と、1ヵ月間、Aくんと生活をともにしたのです。

友人には、「知的障害のある子どもを他人に預けてはいけない」という執着がありました。しかし、お寺から元気に帰ってきたわが子を見て、「この子を他人に預けてもいい」「この子を受け入れてくれる人がいる」ことを実感し、気持ちが軽くなったそうです。

「知的障害児は自ら守らなければいけない」「知的障害のある子は、親の力を借りなければ生きていけない」という考えは、思い込みにすぎませんでした。

私はT子さんに、「友人とAくん」の話をしながら、「『この子はできない』と決めつけないでください。普通の子どもと同じように接してあげてください。それから、ひとりで背負わないでください。あなたのまわりにいる人を信頼し、ときには子どもを誰かに預けてみてはいかがでしょうか」とお伝えしました。

お釈迦様の教えを編纂《へんさん》した『ダンマパダ』（真理のことば）の中に、次の詩句が残されています。

「『私には子がある。私には財がある』と思って愚かな者は悩む。
しかしすでに自己が自分のものではない。
ましてどうして子が自分のものであろうか。
どうして財が自分のものであろうか」
（参照：『ブッダの真理のことば　感興のことば』中村元・訳／岩波文庫）

**世の中の物事は、常に変化を繰り返し、同じ状態のものは何ひとつありません。それが仏教の教える「諸行無常」です。**

自分も、財も、子どもも、すべてが無常の存在であり、必ず変化しています。それなのに私たちは、自分を取り巻く環境に対して、「不変であってほしい」「こうであってほしい」と望み、執着しています。**お釈迦様は、「思い通りにならないもの」に対して「こうあってほしい」と思い悩み、執着することを、あらゆる苦しみの根源とみなしています。**

「この子はこう育てなければいけない」「自分はこういう母親にならなければいけない」という思いを手放す。「こうであるべき」という執着をひとつずつ捨てていくことで、苦しみは剝《は》がれ落ちていくのです。

031

# 本気で叱って、本気で抱きしめて、本気で信じる。親が心を開かなければ、子どもも心を開かない

「子どもが親の言うことを聞かないので、住職から喝《かつ》を入れてほしい」「子どもが親に甘えて自立しないので、説教をしてほしい」など、子育ての相談をいただくことがあります。

「喝」とは、禅師が発する叱声《しっせい》のことです。子どもに喝を入れるのはかまわないのですが、ご家族の事情をよくうかがうと、喝を入れられるべきは、子どもではなくて「親」のほうではないか、と思うことがあります。

岐阜県で開業医をしている男性から、「3浪中の息子が言うことを聞かない。生活態度をあらためるように説教をしてほしい」と頼まれたことがありました。

息子を医学部に入学させるため、東京に部屋を借りて予備校に通わせているのですが、「勉強もせず、遊びほうけている」というのです。「勉強する気がないのなら、受験をあきらめて、戻ってきなさい」と父親が言うと、息子は、こう言って反抗したそうです。

「『岐阜に戻ってこい』とか、『仕送りを止める』とか、そんなことを言うのは、オレのことが可愛くないからだ。予備校には、6浪、7浪中の先輩だっている。まだ3浪しかしていないのに、ごちゃごちゃ言わないでほしい。お父さんを見ていると、『医者は儲かる』ことがよくわかる。だからオレは、何年かかってでも医者になって、金儲けがしたい」

ご両親と息子さんにお寺までお越しいただき、お話をうかがったのですが、私は、「子どもが言うことを聞かないのは、親が、子どもに気を使っているからではないか」と感じました。なぜならご両親は、「子どもに何不自由なく生活させることが、親の役目」「子どもの要求に応えるのが、親の務め」だと考えていたからです。

禅語に、「露《ろ》堂《どう》々《どう》」という言葉があります。「露」は「あらわれる」、「堂々」は「なんの隠しだてもないさま」の意味にあたり、「露堂々」とは、「何事も隠さずにあらわになっている状態」を示しています。

子どもが言うことを聞かない場合、親が子どもに気を使ったり、気兼ねをしたり、取り繕ったりして、「親の本心」をぶつけていない気がします。

**親が、心を開いていない。親が心をあらわにしていない。隠しごとをしている。だから子どもに伝わらないのです。**

私は父親に、子どもと本音でぶつかり合ってほしい、という思いを込めて、「お子さんと、

対決してください。お子さんと生身の勝負をしてください。子育てから逃げないでくださ
い」とお伝えしました。

それから2年ほど経って、父親から手紙が届きました。
「ご住職に『露堂々』という禅語を教えていただき、目が覚めました。子どもが言うこと
を聞かなかったのは、子どもときちんと向き合っていなかった『私自身』に責任があった
のです。
息子とは何度も話し合い、ときには喧嘩になることもありましたが、私が変わったよう
に、息子も少しずつ変わりはじめました。その後、息子は無事に医学部に合格し、現在は
医学生として勉強に励んでいます。まだ、私の子育ては終わっていません。覚悟と決意を
持って、ごまかさずに、子どもと本音でつき合っていきたいと思います。ありがとうござ
いました」

**本気で叱って、本気で抱きしめて、本気で信じる。真剣に向き合ってくれる親の姿は、必ず子どもに伝わります。**

# 032

# 子どもが、「世界でいちばん好きな場所」

子どもが、「世界でいちばん好きな場所」は、どこだと思いますか?

それは、親の「愛」に包まれた空間です。


仏教では、親が子を思う「愛」には、2つの「愛」があると教えています。

「慈愛《じあい》」と「悲愛《ひあい》」です。

「慈愛」は、子どもの幸せを願う気持ちのこと。「あなたがどんなときも、お父さん、お母さんはあなたのことを見守り、愛しています」という無条件の愛が「慈愛」です。

「悲愛」は、子どもの悲しみや苦しみを「自分ごと」として感じること。悲しみや苦しみがなくなるように、「子どもの力になってあげたい」と思う感情が「悲愛」です。

**この「慈愛」と「悲愛」に包まれた場所こそ、子どもにとって、「世界でいちばん好きな場所」なのです。**


私は、「学校法人」の運営に関わっており、子どもの教育にも関心があります。あるとき、地域の児童館で、小学生のAくんと出会いました。

その日は土曜日で、Aくんは学校が終わってから児童館に遊びに来ていました。私がA

くんに、「お昼ごはんは食べたの？　一度おうちに帰って、ごはんを食べてから、また来たらどう？」と声をかけると、彼は、「おなかが空いたら、コンビニで何か買って食べる。毎月、お小遣いを1万円もらっているから、お金ならあるし……」と答えたのです。

Aくんの母親は、「ママ友とのランチやショッピングなどに忙しい」「家事をするのが面倒」「自分の時間がほしい」などの理由で、子どもと過ごす時間が少なかったようです。

つまり、Aくんの家庭には、「慈愛」と「悲愛」が足りなかった。だからAくんは、家には帰らなかった。Aくんは行き場をなくしていたのです。

この母親は、「子どもには、毎月1万円のお小遣いを渡しているし、友だちも多いから、心配していない」と考えていました。

たしかにAくんは、人気者でした。でもその人気は、Aくん自身に向けられたものではありません。Aくんの「お金」に向けられたものでした。

Aくんと、クラスメートをつなげていたのは「お金」です。

Aくんのまわりに人が集まっていたのは、Aくんが、クラスメートにお菓子やジュースをおごり、ゲームセンターで遊ぶお金を出してあげていたからです。けれど、子どもを表面的に見ていた母親には、そのことがわかっていませんでした。

後日、Aくんの母親にお目にかかったとき、私は、「もっと子どもを心配してあげてください。Aくんはきっと、さみしい思いをしています。心配という字が『心を配る』と書くように、子どもに配るのは、『お金』ではなく、お母さんの『心』です」とお伝えしました。

その後、Aくんは、買い食いをすることがなくなりました。ゲームセンターに行くこともなくなりました。

母親が「心配」をするようになったことで、Aくんにとって、自分の家が、「いちばん好きな場所」になったからです。

私自身の子どもの頃を思い出してみても、「お寺」（私の家）が、いちばん好きな場所でした。

ある日、私が学校から帰ると、父親からの「メモ」が残してありました。メモには、「お父さんとお母さんが帰ってくるまでに、あの部屋で、これをやっておいてほしい」と書いてあります。

妹と一緒にそれをやり終えると、その部屋にも「メモ」が置いてあって、「今度は、あっちの部屋に行って、これをしてほしい」と書いてありました。

メモは、何枚も残されてあり、私と妹は、メモの指示にしたがって頼まれた用事をこなし、最後にたどり着いたのが、「冷蔵庫」でした。

冷蔵庫にもメモが貼ってあり、そこには、「お手伝いをしてくれたお礼に、冷蔵庫の中のお菓子を食べていいよ」と書いてあったのです。

私と妹は、喜んでお菓子をいただきました。

私の父と母は、「子どもたちと接する時間が少ない」ことを自覚していたのだと思います。そして、「直接的なコミュニケーションが取れないのなら、間接的なコミュニケーションを取ろう」と工夫をしてくれました。それが、「メモ」を使った伝言でした。

両親は、私たち兄妹に、いつも、心を配ってくれました。父親は住職（先代）、母親も幼稚園の要職に就いていた関係で、「家族で遊びに出かけた」ことは、ほとんどなかったと思います。

それでも私は、不満を覚えたことはありません。なぜなら、間接的であれ、父と母に守られている安心感があったからです。

「子どもが世界でいちばん好きな場所」は、テーマパークでも、動物園でも、映画館でも、ゲームセンターでもありません。

子ども時代の私がそうだったように、両親の「慈愛」と「悲愛」に満たされた空間です。子どもの言うことを何でも聞くことが、親の優しさとはかぎりません。お金を与えることが、親の務めなのではありません。

親の役割は、「慈愛」と「悲愛」を持って子どもと接することなのです。

## 033

# 現世での私たちの行いが、子孫の栄枯盛衰を決める

「離婚した両親の子どもは、離婚しやすい」とする説があります。

VCU（バージニア州連邦大学）の心理学部准教授であるジェシカ・サルヴァトーレ博士は、遺伝学者ケネス・ケンドラー博士とスウェーデンのルンド大学のサラ・ラーソン＝ロン博士の協力を得て、スウェーデン政府が有する国民の結婚・離婚記録を網羅的に解析。その結果、「両親が離婚した子どもは自分自身の離婚率も上昇していた」ことが確認されたそうです（参照：J-CASTニュース／2017年10月11日）。

「離婚した両親の子どもは、離婚しやすい」理由は、仏教の教えからも説明できます。

仏教に、「三時の業《ごう》」という言葉があります。

「業」は、人間の行為のことです。

業には、身業（身体で行うもの）、口業（口で話すこと）、意業（心でものごとを感じたり、考えたりすること）の3つあり（＝身口意《しんくい》）、仏教では、「自ら行った善悪の行為によって，本人自身がその報いを受ける」（自業自得）と考えられています。

良い行為によって良い結果がその本人に生じ、悪い行為によって悪い結果が本人に生じるのです。
「三時」というのは、結果を受ける時期（報いを受け取る時期）を3つに分けたものです。

- 「順《じゅん》現《げん》報《ほう》受《じゅ》」……現世ですぐに報いを受ける業
- 「順《じゅん》次《じ》生《しょう》受《じゅ》」……次の来世で報いを受ける業
- 「順《じゅん》後《ご》次《じ》受《じゅ》」……第3世（次の次の世）以降の来世で報いを受ける業

「三時の業」とは、「自分の行為の結果は、必ず自分に返ってくる。しかし、現世での結果は、必ずしも現世で受け取るわけではなく、来世以降で受け取ることもある」という教えですが、私は、「業は自分に返ってくるだけでなく、『家系』にも返ってくる」と考えています。

日本家系研究会の初代会長で、『新・家系の科学』（コスモトゥーワン）の著者、与那嶺正勝氏は、「2万件以上の家系を調べた結果、家系の中で離婚が発生すると、子孫にも悪影響を及ぼす。夫婦仲が良ければ家系は発展し、離婚や不倫の問題が出てくると、家系は没落してしまう」と述べています。

私も同じように、「親が離婚をすると、子どもも離婚する。親が不倫をすると、子どもも不倫をする。親がアルコール依存症だと、子どももアルコール依存症になる……」といった、好ましくない世代間連鎖を数多く見てきました。自分の生み出した業によって、自分の子孫が窮地に立たされ、没落や凋落《ちょうらく》を引き起こしてしまうのです。

現世に生きる私たちは、自分の行いに対して、家系上の責任を感じることはありません。けれど、「三時にわたって報いが返ってくる」としたら、自分の子孫のためにも、現世を誠実に生きようと思うのではないでしょうか。

**私たちの人生は、私たちだけのものではありません。先祖と子孫を結び、命のリレーをつないでいくのが、私たちの使命です。**

私たちの行いが、子孫の栄枯盛衰を決めるのです。

## 034

# 1万以上の家を見てわかった、「繁栄する家」に共通する「2つ」のこと

私は、5歳のときに法事やお葬式のデビューをして以来、約40年間、本当にたくさんの家々と関わってきました。そして、1万以上の「家（家族）」を見てきた中で、**「代々、栄えている家には、『2つ』の共通点がある」**ことに気がつきました。

**「家のしきたりが受け継がれていること」と、「お墓参りや先祖供養を大切にしていること」**です。

『六方礼経《ろっぽうらいきょう》』という経典の中に、「親の役割」と「子どものつとめ」について、次のように記されています。

• 親が子に対して行うべき「5つ」のこと

①子どもに「悪いこと」をさせないようにする

②「善いこと」を行うように奨励する

③教育を与える

④結婚相手を見つける

⑤ふさわしい時期がきたら、財産の管理を任せる

・子が両親に対して行うべき「5つ」のこと

①自分を育ててくれた両親を養う

②義務を果たす

③家のしきたりや伝統を存続させる

④財産を管理する

⑤供養する

繁栄を続ける家は、「親の役割」と「子どものつとめ」を十分にわきまえ、実践しています。とくに、「親が子に対して行うべきこと」の

①子どもに「悪いこと」をさせないようにする

②「善いこと」を行うように奨励する

と、「子が両親に対して行うべきこと」の

③家のしきたりや伝統を存続させる

⑤供養する

を大切にしているのが特徴です。

親は子どもに、「人に迷惑をかけてはいけない」「自分がされて嫌なことは他人にしない」「人には優しく、自分には厳しく」「何事も相手の身になって考える」など、人としての「善悪」をきちんと伝え、導く。そして子どもは、親から受け継いだ教え、しきたり、伝統をしっかり守る。

こうした「善悪」の教えは、子どもの心に根を生やし、生き方の目標となります。

さらに親にとっても、子どもを躾《しつ》ける上での指針になるはずです。親と子が生き方の目標を共有することで、家族の結びつきは強くなります。

この結びつきの強さが、何があってもブレない「繁栄の源泉」になっているのだと思います。

また、代々、栄えている家は、「先祖供養」を大切にしています。

どんなに一所懸命働いてもお金が貯まらない、家族が病気になる、家族や親戚の仲が悪い、あるいはバラバラという家系は、もれなく、先祖供養を大切にしていません。

先祖供養をおろそかにする家系は、たとえ本人が、一時的に経済的な成功を収めても、その子どもの代、孫の代には、必ずと言っていいほど、苦しい状況に追い込まれています。

与那嶺正勝氏の『新・家系の科学』(コスモトゥーワン)によれば、家系を江戸時代までさかのぼると、享保《きょうほう》の大飢饉、天明《てんめい》の大飢饉、天保《てんぽう》の大飢饉といった飢饉に見舞われ、どの家も「食べるものがなく、明日、生きていられるかもわからない」という、瀕死の状態に襲われたことが何度もありました。

飢饉に陥ったとき、どの家庭でも、「死んでゆく順番」に同じような傾向がみられたといいます。

はじめにお嫁さんが亡くなり、次におじいさん、おばあさん。その次に夫。そして最後に残るのが子どもたちです。

お嫁さんは、真っ先に子どもたちに食べものを与え、その結果、自分は餓死する。

次に、体力のないおじいさん、おばあさんが亡くなる。

働き手の夫は、最後の最後まで生きて、子どもたちに食べものを与え、ついに力尽きます。大人たちの献身により、かろうじて子どもたちの命が守られました。

ご先祖さまが、自分を犠牲にして命をつないだ結果、「今」の私たちが存在しています。

ご先祖さまの苦労の上に、「今」の生活が成り立っています。

栄えている家は、そのことをわきまえている。だから、先祖供養をおろそかにしません。

**代々家が栄えている人たちは、歴史を想像する力や、命のリレーを感じる感性を持っています。**

ご先祖さまへの「ご恩」と「感謝」を大切にする家が、栄えていかないはずはない。私はそう思います。

# 035

# お焼香は、故人を偲ぶと同時に、自分の心を育てる作法である

仏教に、「三具足《みつぐそく》」という言葉があります。三具足とは、法要《ほうよう》などで仏前を飾る基本的な仏具である「お花（花台）」「ろうそく（燭台《しょくだい》）」「お線香・お香（香炉《こうろ》）」の3つのことです。「お花（花台）」「ろうそく（燭台）」「お線香・お香（香炉）」は、それぞれ、象徴的な意味を持っています。

- 「お花（花台）」……「慈悲」の象徴です。
慈悲は、人々の心から苦しみを取り除き、喜びを与えていくものです。

- 「ろうそく（燭台）」……「智慧」の象徴です。
ろうそくは、暗い道を照らす光（物事の姿を照らし出しはっきり見えるようにする光）であり、仏様の智慧を象徴しています。

小さくてもいいから、ろうそくを灯せば、暗闇の中でも、人とぶつかることはありません。すなわち、正しい智慧を身につければ、余計な諍《いさか》いを起こすことなく人生を歩んでいくことができます。

●「お線香・お香（香炉）」……「浄化」の象徴です（お線香は、棒状になったお香です）。お焼香をするとき、お香をつまんで香炉に落とす前に、一度「額」の前にお香を押しいただきます（押しいただく：右手の親指・人差し指・中指の3本で香をつまみ、額の高さまで掲げること）。このとき私は、お香を額に直接、「くっつける」ようにしています。なぜなら、人間の煩悩や、貪瞋痴《とんじんち》（欲、怒り、愚かさ）をお香に吸着させるためです。

**葬儀や法要など、「故人の前」で行うお焼香は、**

**「清らかな気持ちになって、あなたの分まで、精一杯生きていきます」**

**と亡くなった方に誓いを立てることです。**

**そして、「仏様の前」で行うお焼香は、**

**「お釈迦様がそうしたように、私も心の汚れを取り除いて、幸せな世界を目指します」**

**と誓うことです。**


お花は人の慈悲、ろうそくは智慧、お香は浄化。三具足は、仏教の教えをわかりやすく、具体的に象徴しています。

「法事が嫌い」「法事は面倒」「親が亡くなっても、葬儀はしないで直葬（火葬のみを行うこと）にしたい」と考える人が増えているのは、「お花を供える意味」「ろうそくを灯す意味」「お焼香をする意味」が正しく伝わっていないからだと思います。

**葬儀・法要は、故人を偲ぶとともに、「自分の心を清らかにする」「自分の心に慈悲の心を起こす」「自分の心に智慧を芽生えさせる」ための儀式であり、ひとりひとりの心を育てる作法なのです。**

供養とは「人が共に養う」と書きます。

供養は、「死者の霊にお供え物などをして、その冥福を祈ること」「お供えをして、亡くなった方を養うこと」であると同時に、供養をすることで、自分自身の心も養われているのです。

# 第6章 ― 恋愛や結婚の悩みとどう向きあえばいいのか

# 036

# セックスは、「本当に愛した人」と、「真の愛」を育むための行為

仏教において、男女の性行為は、どちらかといえば否定される向きがあります。

しかし、じつは、男女の愛欲（性的な愛）を肯定する教義を持っています。密教経典のひとつ、『理趣経《りしゅきょう》』です。

『理趣経』には、「十七清浄句《じゅうななせいじょうく》」といわれる17の句偈《くげ》が説かれています。

この十七清浄句は、

「男女交合《こうごう》の妙なる恍惚《こうこつ》は、清浄なる菩薩の境地である」

「男女の触れ合いも、清浄なる菩薩の境地である」

「異性を愛し、抱き合うのも、清浄なる菩薩の境地である」

など、男女の性行為に肯定的です。

『理趣経』は、本当に愛する男女が、お互いに心から愛し合い、肉体的にも、精神的にも結びつくことは、「清浄なる菩薩の境地」であると教える経典です。

しかし、表面的に読むと、「性」を礼賛《らいさん》した内容に受け取れるため、「性行為をすることで、成仏できる（覚《さと》りが開かれる）」という誤解を生じかねません。

**「理趣経」が説いているのは、あくまでも「真の愛」の素晴らしさであって、享楽的なフリーセックスを戒めているのです。**

福厳寺では、水子供養を承《うけたまわ》ることがあります。水子供養とは、この世に生まれることのできなかった命を供養することです。

10年ほど前に、18歳の女子高生から、「中絶、堕胎をしたので、水子の供養をしてほしい」と頼まれたことがありました。

妊娠発覚後、相手の男性は慌てて姿をくらまし、家族にも相談できないまま、彼女はひとりで子どもを堕ろしたそうです。

家族の了承を得て葬儀を執り行ったあと、彼女は泣き崩れながら、私に向かって、こう言いました。

「この子は、世に出ることなく命を奪われました。この子は、極楽に行けるのでしょうか？」

仏教の世界では、「人間の欲から脱して、覚りを開いた人」でないかぎり、「誰もが、もれなく、地獄に行く」と考えられています。

お腹の中で亡くなり、この世に生まれることがかなわなかった赤ちゃん（水子）も、例外ではありません。

水子が地獄に堕ちるのは、ひとつの「重大な罪」を犯しているからです。その罪は、「親より先に死んで、親を悲しませた」という罪です。

仏教では「親が子を弔《とむら》うこと」を「逆縁《ぎゃくえん》」といい、水子は、「逆縁の罪」に問われ、裁かれるのです（不運にも生を享《う》けられなかった子どもや、事故や病気でこの世を去った子どもを地獄から救い出してくださるのが、「お地蔵様」です）。

彼女が「赤ちゃんの命を奪った」ことに罪悪感や喪失感を抱いているのと同じように、赤ちゃんも、「最愛の母親を悲しませた」ことに罪の意識を感じています。この母と子の悲しみの根源にあるのが、男女の性愛行為です。

「理趣経」は、男女の性愛を讃《たた》えています。性愛は、大いなる愛の表現であって、決して、汚らわしいものではありません。

しかし、一時的な快楽を貪るための性愛には、否定的です。

なぜなら、セックスは、「命を生む」ための大切な営みであり、「本当に愛した人」と、「真の愛」を育むための行為だからです。

仏教には、「五戒」と呼ばれる、在家信者（出家せずに、仏道に帰依する者）が守るべき5つの戒めがあります。

①不《ふ》殺生《せっしょう》……生命のあるものを殺さない
②不《ふ》偸盗《ちゅうとう》……他人のものを盗まない
③不《ふ》邪淫《じゃいん》……みだらな男女関係を結ばない
④不《ふ》妄語《もうご》……事実無根の嘘をつかない
⑤不飲酒……酒類を飲まない

戒めの「③不邪淫」は、「男女の交わりに節度を持て」という教えです。といっても、不邪淫は、性交渉を否定するものではありません。性交渉がなければ、新しい命が生まれることはないからです。

仏教で戒めているのは、「快楽の虜《とりこ》」になることです。性欲に支配されてはいけない。「欲の赴《おもむ》くままに刹那的に快楽を求めてはいけない」と教えています。

男女が互いに尊重し合い、お互いが愛を共有する。それが仏教の認めるセックスなのです。

## 037

# 恋人との「思い出の品」を捨てると、未練も一緒に捨てられる

別れた恋人との「思い出の品」を手元に残す人もいますが、未練や過去を背負い続けていると、その重さで、前に進めなくなることがあります。

**失恋の痛手から早く立ち直り、新しい恋を手に入れたいのなら、「思い出の品」を捨てる勇気を持つことです。**

30代の女性、B子さんから「別れた男性のことが今も忘れられず、苦しい」という相談をいただきました。

5年前に、6年間付き合った男性と破局。すでに相手の男性は別の女性と結婚をし、子どもに恵まれ、新しい生活を送っています。けれど、彼女の時は止まっていて、彼との思い出の中に生きていたのです。

幕末・明治初期に原担山《はらたんざん》という僧侶がいました。

担山和尚が、仲間の学僧と地方行脚をしながら、修行を積んでいたときのことです。

道幅が狭い上に、ひどくぬかるんだ間道（脇道）を歩いていると、ひとりの少女が、大きな荷物を背負った大入道（坊主頭の大男）に道をさえぎられ、避けるに避けられず、躊躊躇していました。

するとたん山和尚は、気の毒に思い、ぬかるみに足をとられないように、少女を抱きかかえて歩いたそうです（雨水で増水した小川を背負って渡った、という説もあります）。

眉をひそめながら、この様子を見ていた同行の禅僧は、のちに、担山の行動を咎《とが》めました。「女人など、あんな不浄なものには手も触れてはいけないという教えがある。あなたがした行為は、禅僧の面目にもかかわる。以後は慎《つつし》んだほうがよい」

ところが担山和尚は悪びれず、カラカラと笑いながら、平然と、こう答えたそうです。「君は、まだ彼《か》の少女を抱いて居るか。僕は、アノ時限りじゃわい」（引用：『坦山和尚全集』秋山悟庵：編／光融館／国立国会図書館デジタルコレクション）

担山和尚は、「自分が女性に意識を向けたのは、あのときかぎり。もはや何の感情も残っていない」と言ったのです。この逸話は、私たちに「勝手な煩悩や妄想は、その場で捨ててしまったほうがいい」ことを教えてくれています。

同行の禅僧は、「担山は禅宗の教えを破って、女性を抱いた」という思いにいつまでもとられています。

だから問道を歩き終えたあとも、憤《いきどお》りを抱き続けていたのです。

人間の普遍的な苦しみのひとつに「愛別離苦《あいべつりく》」があります。

**「愛別離苦」とは、愛する肉親や親しい人と生き別れたり、死に別れたりする苦しみのことです。**

**お釈迦様は、愛別離苦の苦しみから逃れるための第一歩として、「客観的に自分を見ること」「自分の本当の姿を正しく知ること」の重要性を強く説いています。**

原始仏典のひとつ、『法句経』の元となったサンスクリット語の経典『ウダーナヴァルガ』の中に、次のような詩句があります。

「愛欲に駆り立てられた人々は、罠にかかった兎のように、ばたばたする。
束縛の絆にしばられ、愛著になずみ、永いあいだくりかえし苦悩を受ける。
愛欲に駆り立てられた人々は、罠にかかった兎のように、ばたばたする。
それ故に修行僧は、自己の愛欲を除き去れ。

愛欲の林から出ていながら、また愛欲の林に身をゆだね、愛欲の林から免れていながら、また愛欲の林に向かって走る。

その人を見よ！束縛から脱しているのに、また束縛に向って走る」

（参照：『ブッダの真理のことば　感興のことば』中村元・訳／岩波文庫）


愛欲の苦しみから解放されるには、「自分は、罠にかかった兎のように、ばたばたしている状態である」ことを認めることです。

「自分」を客観的に知ることができなければ、いつまでも、愛欲に束縛され続けてしまうでしょう。


**人の心は、器と同じです。器に水を残しておくと、やがて水は濁ってしまう。同じように、過去にとらわれていると、心は濁ったり、淀んだりします。**

ですから、心という器の中に溜まった水をかき出す必要がある。そのためには、「思い出の品を捨てる」ことです。

過去を想起させるもの、たとえば、別れた相手からもらったプレゼント、メール、写真などの思い出の品をひとつずつ捨てる。それは、過去を手放し、今日を生きるための「お別れの儀式」です。

B子さんは、自分の心の中に、「まだ彼の少女を抱いたまま」です。だから苦しいのです。彼は、もう戻ってはきません。B子さんにとって彼は、過去の記憶です。失恋の傷を癒やし、新しい恋に出会うためには、過ぎ去ってしまったことに、いつまでもとらわれてはいけない。早く「手放す」ことです。

B子さんは、「お別れの儀式」を行ったあと、「他人事のように、過去の自分、そして今の自分を客観視できるようになった」そうです。

今、B子さんは、「新しい恋」に向けて歩きはじめています。

038

# 失恋の痛手から立ち直る3つのステップ

110人の働く女性（22～34歳）を対象にしたアンケート調査によると、「『愛する』と、『愛される』では、どちらが幸せか」という質問に対して、「愛する……13・6％」「愛される……86・4％」という回答結果になったそうです（参照：マイナビウーマン調べ／2016年10月）。

**人は、愛を与えることよりも、受け取ることに執着します。**そして、十分な愛を受け取ることができなかったとき、その相手に不満や不安を持つようになります。自分が相手に与えた愛よりも、自分が受け取る愛のほうが、大きくなければ満足できないからです。

仏教には、「渇愛《かつあい》」という言葉があります。

**渇愛とは、人間の心を大きく揺さぶる「尽きることのない欲望」のことです。仏教において、「もっとも苦しい煩悩」とされています。**

この渇愛を乗り越えることが人間の課題であると、お釈迦様は説いています。

「妻子ある男性と不倫関係にある」という女性から、

「彼から、『妻とは離婚できない。別れてほしい』と言われ、私もそのつもりでした。彼とは一緒になれないことがわかっているのに、距離を置くほど、かえって思いが募ってしまいます。どうしたら、彼への執着心から脱却できますか？」

という相談をいただいたことがあります。

彼に対する執着心がなくならない理由は、彼女が、不倫相手を「忘れようとしている」からです。

彼を忘れたい気持ちは痛いほどよくわかりますが、忘れようとあがくほど、彼を思い出し、彼に対する執着心に縛られてしまいます。人間の意志は、それほど強いものではありません。彼を忘れようとしても、本当に忘れることができるまでには、長い時間を費やしてしまいます。「忘れる努力」をすればするほど、思い出す。こうした矛盾をはらんでいるのが、人の心です。

**彼に対する執着から脱却したいのなら、「忘れる努力をやめる」ことです。そして、新しい環境をつくる努力をすることです。**

多少、荒療治になりますが、仏教の教えをベースにして私がアドバイスをしている、「失恋した相手への執着心を捨てる」ための3ステップを紹介します。

・第1ステップ

携帯電話、写真、手紙など、失恋した相手との思い出はすべて処分してください。思い出すきっかけになるものは、全消去です。あなたの心の中に、まだ「相手」がいたとしても、相手の心の中にはもう、「あなた」はいません。

・第2ステップ

今の自分の惨めさを、自分で想像してみてください。「ああ、いかないで！」と相手にしがみつく自分ほど、情けないことはありません。

・第3ステップ

引っ越し、転職、習い事など、「新しい環境」を用意してください。そして、その環境になじめるように努力してみましょう。相手のことを思い出したら、すかさずもみ消して、新しい仕事や習い事に集中するのです。

**賞味期限が過ぎた恋愛は捨てる。そのためには、渇愛する心を、自分の将来へのエネルギーに転換し、まったく「新しい環境」に自分を投げ入れてみる。**そうすれば、失恋の痛手から立ち直ることができるでしょう。

039

# 仏教が教える
# 「イイ男」と「イイ女」の定義

仏教の寓話、説話の中には、さまざまな人物が登場しますが、私が、「男性の鑑《かがみ》（理想の姿、お手本）」だと認めているのが、『維摩経《ゆいまきょう》』という経典の中心人物、「維摩居士《ゆいまこじ》」です。

維摩居士は、毘舎離《びしゃり》という都市に住む、在家仏教者です。あるとき、維摩居士が病気になります。お釈迦様は、弟子たちや菩薩たちに見舞いに行くように命じました。

しかし、誰ひとり見舞いに行こうとしません。十大弟子をはじめ、多くの菩薩たちが、維摩居士によって論破された経験があり、腰が引けていたのです。

維摩居士は、それまでの「自己の覚《さと》りを偏重する仏教（小乗仏教、部派仏教）」に批判的であり、相手が十大弟子であろうが、菩薩であろうが臆することなく、批判を繰り返していました。

そして、「自らの修行の完成ばかりを目指さず、社会や他者と関われ」「ただじっと坐って、瞑想にふけってばかりいてはいけない」「自分だけでなく、誰もが覚りの世界に行ける絶対平等が本質である」と自説を主張したのです。

維摩居士は、長いものには巻かれません。自分の保身や体裁を取り繕うこともありません。大勢の人を救うために、強い相手と戦うことも厭わない人物でした。

私が、維摩居士を「男性の鑑《かがみ》」だと考えるのは、相手が誰であれ、怯《ひる》むことなく「それはおかしい」と主張する信念を持っているからです。

一方、私が、「女性の鑑」だと考えているのが、『勝鬘経《しょうまんきょう》』という経典に登場する王妃、勝《しょう》鬘夫人《まんぶにん》です。『勝鬘経』は、お釈迦様の前で勝鬘夫人が教えを説き、それをお釈迦様が「正しい」と承認する形をとっています。

勝鬘夫人は、「10個の誓い」と「3つの願い」を立てていますが、その誓いも願いも、「生きとし生けるすべて」に対し、慈悲の心を開くものでした。

「世尊よ、今後、私は身寄りのないもの、牢《ろう》につながれたもの、捕縛《ほばく》されたもの、病気で苦しむもの、思い悩むもの、貧しきもの、困窮者《こんきゅうしゃ》、大厄《たいやく》にあった衆生《しゅじょう》たちを見たならば、彼らを助けずには、一歩たりとも見捨てて行ってしまったりいたしません。世尊よ、私がそのような苦しみに悩む衆生たちを見たならば、それらの苦しみから逃れさせるために、財産の蓄えをもって（彼らの救助を）成就してのちはじめて、私は身を引くでしょう」（第8の誓い）

「世尊よ、私は、この真理にかけた誓いをもって、無量の衆生たちに利益をもたらす福徳を積み重ね、その（積み重ねた）善根によって、世尊よ、私はいつの世にも、真実の教え

を理解することができますように。世尊よ、これが私の第1の大願です」（第1の願い）

勝鬘夫人の愛は、限られた愛、閉じられた愛ではありません。私が勝鬘夫人に共感するのは、母性を最大限に発揮して、苦しんでいるすべての人を救いたいと願う、大きく開かれた愛を持っているからです。

**他者に迎合して考えを変えることはなく、相手が誰であれ、正しさを主張する男性。深い愛と母性を発揮して、分け隔てなく包み込む女性。維摩居士と勝鬘夫人に共通しているのは、「多くの人を救いたい」という心を持っていることです。自己の善行の功徳によって他者をも救済しようとする「利他の心」が、2人の魅力です。**

男性にも、女性にも、さまざまなコンプレックスを抱いている人がいます。容姿、学歴、仕事、経済的な状況などに劣等感を覚え、自信を失い、「だから、モテない」「だから、仕事ができない」「だから、自分には魅力がない」と自分を過小評価しているのです。

しかし、その人の魅力を決めるのは、容姿でも、学歴でも、お金でもなく、その人の「生き様」や「姿勢」だと私は思います。

## 040

# 「相手がどんな人生を送りたいのか」を理解し、その実現の助力となるのが配偶者の務め

結婚して夫婦になると、2人の足並みを揃える必要があります。いつでも、どんなときでも、2人で話し合い、2人で知恵を出し合い、二人三脚で前に進んでいくのが、夫婦のあり方です。

足並みを揃えるには、お互いが、「相手に合わせる」という意識を持たなければなりません。自分の歩調に合わせてもらうのではなく、自分から合わせにいく姿勢が大切です。

**「相手に合わせる」とは、相手の人生を尊重することです。自分にやりたいことがあるように、相手にもやりたいことがあるはずです。したがって、「相手がどんな人生を送りたいのか」を理解し、その実現の助力となるのが配偶者の務めだと思います。**

私がよく知るO夫妻は、とても調和がとれたご夫婦です。

ご主人のB男さんは、独身時代にガンに罹患《りかん》していました。手術によって腫瘍《しゅよう》切除したものの、転移する可能性はゼロではありません。奥様のA子さんは、そのことを十分に理解した上で、結婚をしました。

結婚後、A子さんは仕事をやめて家庭に入り、健康に不安のあるB男さんを献身的に支えました。

ご主人は、「A子さんが、仕事にやりがいを感じていた」ことを知っていたので、「週に数日、数時間でもいいから、元の職場で働かせてもらったらどうか」と提案。現在、A子さんは、家庭と仕事を両立させています。

唯一、A子さんにとって気がかりだったのは、「B男さんが、毎晩、晩酌をすること」です。「仕事帰りの1杯」を楽しみにしているご主人を見ると、「飲まないでほしい」とは言い出せませんでした。

けれど、ある日、ご主人の酒量が日に日に増えてきたことを心配し、A子さんは、涙ながらに自分の思いを吐露《とろ》したのです。

「私は、贅沢を言うつもりも、わがままを言うつもりもないけれど、一生のお願いだから、これだけは言わせてほしい。明日からもう、お酒を飲まないでください」

A子さんは、「お酒の刺激が、ご主人のストレスを発散させていた」ことを承知しています。そこで、一方的にお酒をやめさせるのではなく、「お酒に代わる刺激」として、帰宅後のご主人に、「自家製ジンジャエール」をふるまうようにしたそうです。

現在、ご主人はお酒をまったく飲みません。なぜなら、B男さんは、お酒以上に、A子さんがつくった「自家製ジンジャエール」を楽しみにしているからです。

妻が仕事をすることを認める夫。

お酒の代わりに「自家製ジンジャエール」をつくった妻。

この2人の関係の中に、私は「お互いを尊重する姿勢」を見ることができます。

仏教に「同行」(どうあん、どうぎょう)という言葉があります。この仏教語は、「心を同じにして、ともに仏道を修める人々」のことです。夫婦はまさに、同行の存在です。

鎌倉時代に活躍をした親鸞という僧侶がいます。

親鸞上人は、のちに浄土真宗の宗祖として崇められる人ですが、僧侶の妻帯が禁じられていた時代に、2度も妻帯しています。

最初の妻は、九条兼実《くじょうかねざね》(平安時代末期から鎌倉時代初期にかけての公卿)の娘、玉日《たまひ》です。しかし、不幸にも玉日が死去したため、その後親鸞は、恵信尼《えしんに》という女性と再婚します。

親鸞上人はもともと比叡山で修行を積んだ僧侶でした。

けれど、どれだけ修行に励んでも、清らかさも誠も持ち続けることができない自力本願の行に疑問を持ち、比叡山を降りて、「阿弥陀仏の本願におすがりする」という他力の念仏を広める法然上人に師事したのでした。

ところが、法然の広める「南無阿弥陀仏」を唱える専修念仏《せんじゅねんぶつ》が当時の延暦寺や興福寺などから弾圧を受け、風評によって後鳥羽院の逆鱗に触れてからは、ついに専修念仏が禁止されるに至ります。

法然の門下生は、死罪、あるいは還俗させられ、親鸞も越後の国府に流罪となります。

その悲劇に屈することなく布教を続けた親鸞が、流罪となった越後で出会ったのが恵信尼でした。

流罪が赦《ゆる》されて京都に戻ったあとも、相変わらず、念仏に対する迫害、弾圧は厳しいものでしたが、恵信尼はどのようなことがあろうとも、親鸞を観音様の化身であると信じ、念仏信仰の道を同行したのでした。

そして親鸞上人もまた、恵信尼を観音菩薩の生まれ変わりだと信じていたといわれています。

結婚した相手を観音様の生まれ変わりだと思ったら、お互いの気に入らないところも、腹の立つところも、すべて仏様から与えられた試練であり、修行だと思えてくるから不思議です。

041

# 壊れかけた夫婦関係を修復する2つの教え

夫婦関係が壊れかけたとき、思い出していただきたい仏教の教えが「2つ」あります。

ひとつは、

「年《ねん》年《ねん》歳《さい》歳《さい》花《はな》相似《あいにたり》　歳《さい》歳《さい》年《ねん》年《ねん》人不同《ひとおなじからず》」

という一節です。

唐代の詩人、劉《りゅう》希《き》夷《い》の『代悲白頭翁（白頭を悲しむ翁に代わって）』と題する古詩の第4節に書かれてあります。この一節は、「花は、毎年同じように咲いているが、それを見に来ている人は、年々、老いていき、同じではない」という意味です。

人生は無常です。存在するものは、絶えず移り変わっています。それがお釈迦様の教えです。人は、必ず変わります。人間関係も夫婦関係も、必ず変わります。結婚生活が続くうちに、相手が変わったり、あるいは自分が変わったりするのは、当然のことです。

**「お互いが変わる」ことを前提に、それでも相手を理解し合い、助け合う。**

**「お互いが変わる」ことを前提に、「夫」としての努力、「妻」としての努力を続ける。**

**それが、夫婦です。**

お釈迦様は、夫と妻が「おろそかにしてはいけない努力」を『六方礼教』という経典に残しています。この『六方礼教』が、夫婦関係を修復する「2つ目の教え」です。

お釈迦様は、『六方礼教』の中で、「夫が妻に対してすべきこと」と「妻が夫に対してすべきこと」をそれぞれ説いています。

夫は次の「5つの姿勢」をもって、妻に尽くさなければなりません。

①尊敬すること
②軽蔑しないこと
③道を踏み外さないこと（不倫をしないこと）
④権威を与えること
⑤アクセサリー（装飾品）を与えること

一方、妻は次の「5つの姿勢」をもって、夫に尽くさなければなりません。

①仕事（家事）をよく処理すること
②親族をよく待遇すること
③道を踏み外さないこと（不倫をしないこと）
④集めたお金を保護すること

## ⑤なすべきことについて巧みに、勤勉であること

私の知り合いの男性、Sさんは、「妻も仕事をしているので、買いたいものは自分で買えばいい」と考え、結婚してから一度も、奥様にプレゼントをしたことがありませんでした。しかし、『六方礼教』の教えを知ってからは、妻に対する努力が足りなかったことを反省。奥様の誕生日に、軽自動車をプレゼントしたそうです。

ご主人は決して高給取りではありません。じつはかなり奮発をして自動車をプレゼントしました。

ご主人は、奥様が車以上に「ご主人の奥様を想う気持ち」を喜んだことを知って「愛情を形にすることの大切さ」に気づいたそうです。

以後奥様は、プレゼントされた車によって夕飯の買い物に出るたびに、今まで以上に「ご主人が喜ぶ顔」を想像して買い物をするようになったといいます。

人によって、愛情を感じるポイントは違います。「モノやお金」をプレゼントされることによって愛情を感じる人、「時間」を一緒に過ごすことによって愛情を感じる人、「スキン

シップ」によって愛情を感じる人、「言葉」によって愛情を感じる人などさまざまです。

もちろんこれらが複合して愛情表現となるわけですが、**大切なことは、すべての行為の裏に「愛情」が込められていること。愛情なきモノ、愛情なき時間、愛情なきスキンシップ、愛情なき言葉は、たとえそれらを大量にプレゼントされても、まったく相手には伝わらないのです。**だからといって、「愛情」を内に秘めているだけでは伝わりません。「愛」は名詞ではなく動詞です。

**相手を想う気持ちがあるならば、やはりその気持ちを、言葉や行動に表していくこと。マンネリ化しやすい夫婦だからこそ、ときには思い切った愛情表現をしていくことが、関係を永く良好に保つ秘訣です。**

結婚生活に亀裂が生じたり、相手を非難する気持ちが湧き上がってきたら、「相手」を疑うより先に、「自分の努力が足りなかったのではないか」と、矢印を自分に向けて考えてみましょう。

「これ以上、結婚生活を続けられないのではないか」「2人の関係は終わってしまうのではないか」と不安になったときは、「人は変わる。結婚生活も変わる」という道理に立ち返って、自分は「妻としての努力をしているか」「夫としての努力をしているか」を見直してみてください。そうすれば、2人はもう一度、理解し合えると思います。

# 第7章 — 悩み、イライラ、ストレス、悲しみから逃れる

## 042

過去は追うな。
未来を願うな。
過去はすでに捨てられ、未来はまだ来ない。
ただ今日すべきことを熱心になせ

私たちは、「過去」を生きることができません。「未来」を生きることもできません。私たちが生きることができるのは、「今、この瞬間」だけです。

仏教は、「今、生起《せいき》している現在」を対象とする宗教です。**お釈迦様は、「過ぎ去った過去ではなく、まだ見ぬ未来でもなく、『今、この瞬間』を一所懸命に生きることで、悔いのない人生を送ることができる」と諭《さと》しています。**

相談者のMさんは、幼少期に、両親からの虐待を受けていました。

小学校でも、中学校でも、高校でも容赦《ようしゃ》のないいじめに遭い、教師からも蔑《さげす》まれ、「どうして自分は生まれてきたのか。生まれてこなければ、こんなに苦しい思いをしなくてすんだのに……」と、両親を憎み続けていました。発達障害と精神障害で2度の入院をし、予後に対する絶望から、自らを殺《あや》めようとしたこともあります。

Mさんは「人はみな、醜くて、汚れている」と人間を嫌悪し、「全員、消えていなくなればいい」と破滅的な思いにとらわれています。しかし一方で、「自分も、世の中も、変わってほしい……」という、一縷《いちる》の救いを捨てきることができませんでした。生と死のはざまで、Mさんの心は、揺れ動いていたのです。

Mさんを苦しめているものの正体は、「過去の記憶」と「未来の妄想《もうそう》」です。

過去の自分は、「記憶」の中の自分です。未来の自分は、「妄想」の中の自分です。

**過去の自分も未来の自分も、「頭の中にいる自分」であり、「今、この瞬間」を生きている、「肉体を持つ自分」とは別のものです。過去を思い惑《まど》ったり、未来に怯《おび》えたりするのは、「今、この瞬間」を生きていないからです。**

『大迦旃延一夜賢者経《だいかせんえんいちやけんじゃきょう》』という経典の中に、『一夜賢者の偈《いちやけんじゃのげ》』という詩が収録されています。

一夜とは、「1日」のこと。「賢者」とは、「今日1日、怠ることなく励む人、今日すべきことを熱心にする人」のことです。

【一夜賢者の偈】

過去は追うな。
未来を願うな。
過去はすでに捨てられ、未来はまだ来ない。
だから、ただ現在のことをありのままに観察し、
動揺することなく、よく理解して、実践せよ。

ただ今日すべきことを熱心になせ。
明日、死のあることを誰が知ろうか。
かの死神の大軍と会わないわけはない。
このように考えて、熱心に昼夜怠ることなく励む人、
このような人を一夜賢者といい、
寂静者《じゃくじょうしゃ》、寂黙者《じゃくもくしゃ》と人はいう。
（参照：『阿弥陀経のことばたち』辻本敬順・著／本願寺出版社）

Mさんは、私が伝えた一夜賢者経を大きな紙に書き写して壁に貼り、毎晩寝る前に声に出して唱えたそうです。

しばらくすると、Mさんに変化が起きはじめました。

最初の変化は、動物たちとの関係でした。公園のベンチに座っていると、ハトやネコに遭遇することがあります。そんなとき、持っているお菓子をあげたり、舌を鳴らしたりして呼びかけても、動物たちが近寄ってくることはありませんでした。ところが、その動物たちが、自分から寄ってくるようになったそうです。

次に現れた変化は、人との関係でした。

とにかく人嫌いで、人付き合いが苦手だったMさんは、それまで人を避けるように行動していました。当然、誰も話しかけてこないし、会話することもありませんでした。ところが、買い物先や、エレベーターに乗ったりしたときに、人から話しかけられるようになったのです。

Mさんは過去を怨《うら》み、過去にとらわれていたことで、自分の殻に閉じこもっていたことに気づきました。無意識のうちに心身が硬くなり、周囲に威圧的なオーラを発し、人を寄せ付けない壁をつくってしまっていたのではないかと、気づきました。

そのことに気づいてからは、仕事に変化が現れました。

これまではアルバイトも永続きせず、働いたり、働けなかったりして生活が安定しなかったMさんでしたが、正社員として就職することができたのです。

Mさんの部屋には今、一夜賢者経を書いた壁紙はないそうです。何度も唱えているため、一夜賢者経を暗記してしまったからです。

Mさんは、一夜賢者経を何度も繰り返し唱えることによって、過去を乗り越え、未来への希望を摑んだのでした。今のMさんにあるのは、過去の苦しい記憶ではなく、未来への楽しみだといいます。

私は、3歳で経を習い、10歳で僧籍《そうせき》を取得しました。しかし、厳しい師匠や堅苦しいしきたり、「お寺の子」と噂される重圧に反発し、何度もお寺を飛び出したことがありました。「お寺に生まれてきたこと」を嘆き、母親に向かって、「お母さん、あなたはいつも、私のやりたいことにブレーキをかけてきた！」と、辛辣《しんらつ》な言葉を浴びせたこともあります。「過去」を悔やみ、「未来」を憂《うれ》い、「絶対に、お坊さんにはならない」と心を固めていた私に、「今日」を見ることの大切さを教えてくださった方がいます。

オハイオ大学のミラー先生（当時）です。

当時、愛知県小牧市に、「オハイオ大学の分校を誘致する」という話が持ち上がりました。予定地周辺の視察のため福厳寺を訪れたミラー先生の案内をしたのが、私です。私が高校3年生のときでした。

「将来はお坊さんになるのか？」と聞かれ、「絶対になりたくない」と答えた私にミラー先生は、「お坊さんにならなくてもいいから、仏教を勉強してみたらどうか」と勧めてくださったのです。

「仏教を学ぶことと、お坊さんになることは違う。キリスト教でも、仏教でも、宗教を学ぶことは、歴史、思想、文化などを多面的に学ぶことであり、人間を知ることだ。それは、今の元勝くんに必要な教養だと思う。仏教を勉強をした上で、『それでも、お坊さんにはなりたくない』と思ったのなら、違うことをやればいい。先のことは、そのときになってから考える。先のわからない将来のために、今日の可能性を閉じることはない」

私は、「お寺の子として生まれた以上は、お坊さんにならなければいけない」「大学で仏教学を専攻したら、一生、『その道』に進まなければいけない」と思い込み、それが怖くて尻込みをしていました。過去と、現在と、未来はすべて延長線上にあって、「同質、同一でなければいけない」と考えていたのです。

ところがミラー先生に、「お寺の子に生まれたからといって、お坊さんにならなくてもいい」という選択肢があることを教えていただき、肩の力が抜けた気がしました。その後、私は、ミラー先生の言葉に背中を押され、駒澤大学・仏教学部に入学したのです。

過去の出来事が忘れられず、苦しくて、苦しくて、しかたがないとき。見えない未来を憂い、怖くて、怖くて、しかたがないとき。そんなときは、「一夜賢者の偈」を読み上げてみてください。きっと「今、この瞬間の自分」は、「過去の自分」でも「未来の自分」でもないことが自覚できると思います。

心と体に傷を負ったとしても、それは「記憶」であって、「今、この瞬間に起こっていること」ではありません。過去は、すでに、捨てられています。だから、過ぎ去った出来事に思い煩わなくていい。

先が見えない未来に怯えていたとしても、それは「妄想」にすぎず、未来はまだやってきてはいません。だから、取り越し苦労をしなくていい。

大切なのは、「二度とない今日」を一所懸命に生きることなのです。

## 043

人は「刺激」がなくては生きていけない。
しかし、刺激が多くても、生きてはいけないお釈迦様は、「人間は、刺激がないと、生きていくことができない。『栄養素』がなければ人の体は動かないように、『刺激』がなければ、人の心を動かすことはできない」と説いています。

「刺激」は、心を動かすエネルギーです。「刺激」は、心の滋養《じよう》です。

しかし一方で、「刺激こそが、苦しみのはじまりである」ことにお釈迦様は気がついていました。

セックス、ギャンブル、ドラッグなど、強い快感や高揚感をともなう行為は、その刺激を求める抑えがたい欲求を生み出し、人を苦しめます。

人は、刺激から「生きる力」を受け取りながらも、刺激に滅ぼされることもある……。この対極の性質を持つ人間の愚かさを、お釈迦様は見極めていました。

刺激をエネルギーとしながら、刺激の虜《とりこ》にならず心のバランスを取ることが、お釈迦様の修行だったのです。

私の師匠（第30世　霊峰武三《れいほうぶさん》老師）が、ある老夫婦から「息子（Aさん）がギャンブルと酒に溺《おぼ》れ、散財と暴力を繰り返している」と、相談を受けたことがあります。息子は60

歳。両親は90歳になっており、父親は重い病を患っていました。

「息子があのままでは、死んでも死にきれない」

「あいつを殺して、自分たちも死ぬ」

両親の切実な思いを知り、師匠はAさんを呼び出しました。Aさんは、「心を入れ替える」と約束したものの、その後も、放蕩《ほうとう》に明け暮れました。

抗《あらが》えないほど強い「刺激」に翻弄《ほんろう》され、彼もまた、「やめたいのに、やめられない」と苦しんでいたのです。

そして最後にAさんは、自ら命を絶つことで、人生の清算をしました。

「ギャンブルとお酒の『刺激』から解放されるには、死しかない……」。それがAさんの出した、悲しい結論でした。


私は駒澤大学在学中に、東京都大田区にあるお寿司屋さんでアルバイトをしていました。

アルバイトの目的は、「お金を貯めて、バイクを買う」ためです。お寿司屋さんを選んだのは、「配達のバイトなら、バイクの練習になる」と思ったからです。

アルバイト先の若旦那（Mさん）は、自らの経験談として、「安全にバイクに乗るためにも、限定解除（大型二輪免許）に挑戦したほうがいい。限定解除はごまかしがきかないから、自分の未熟さを知ることができる。未熟さを知ることが上達の鍵」とアドバイスをくださいました。

私はMさんの言うとおり、「バイクを買うのは、限定解除に合格してから」と決めました。無事に限定解除試験に合格した私が、Mさんに報告しようと、バイト先に顔を出すと、Mさんは顔をほころばせて喜んで、「お祝いをあげるから」と言う。私が、「特上チラシ寿司でもご馳走してくれるのかな？」と食い意地をはらしていると（笑）、Mさんは、自分の「ナナハン」（排気量750ccの大型バイク）のキーを私に預けてくださったのです。

そして、こう話されたのです。

「このバイク、乗って帰っていいよ。名義変更は、元勝くんが自分でやってね。ただし、オレが譲ったバイクで元勝くんがコケて死にでもしたら、ご両親に顔向けができない。だから、絶対に、命だけは大事にしてね」

お祝いは、特上チラシ寿司ではなく、Mさんが大切に乗っていた「ナナハン」だったのです。

その後、Mさんに「競艇場」に連れて行ってもらったことがあります。

Mさんは競艇をたしなんでいて、「あのナナハンは、競艇の配当金で買ったもの」だと話してくれました。

現金として残していると、そのお金を次の競艇の軍資金にしてしまい、欲をかく。必要以上の欲を出すと自滅する。そうならないために、「バイク」に替えたそうです。

競艇場には、ギャンブルの刺激に溺れた人たちの姿がありました。私とMさんは、この日も数万円の配当金を得たのですが、いつも笑顔のMさんが、このときは真剣な表情で、こう言ったのです。

「ギャンブルでどれほど大金を稼いでも、それはあぶく銭にすぎないよ。たとえわずかでも、汗水を垂らして、自分が稼いだお金のほうが尊いと思う。

元勝くんは、仕事でもバイクでも、興味を持ったことに対して、のめり込みやすい気がする。ギャンブルにかぎらず、どんなことでも、のめり込みすぎると人生を見失うことがある。元勝くんには、そのことを伝えておきたい」

私は今でも、バイクに乗るたび、Mさんから教えていただいた、

「一線を越えてまで、刺激を求めてはいけない」

という教訓を思い出します。

**刺激の虜《とりこ》にならないためには、刺激を遠ざけることです。刺激から目を逸らし、耳を逸らし、鼻を逸らし、口を逸らし、肌を逸らすことです。**

**刺激に溺れないための最良の方法が「坐禅」です。**

坐禅を組むと、脳の疲労が軽減されます。人間は、脳が疲労したり、刺激で麻痺してくると、理性的に物事が考えられなくなります。すると、より強い、強烈な刺激によって生理的欲求を満たし、一時的なスッキリ感を得たくなります。ストレスが溜まったり、心が疲れると、甘いものや辛いものが食べたくなったり、タバコを吸いたくなったり、激しい音楽を大音量で聴きたくなったりするのは、脳が疲労している証拠です。

疲れれば疲れるほど、刺激を与える。刺激を与えれば与えるほど、脳はさらに刺激に慣れ、より強い刺激を求めるようになる。すると、より強い刺激を提供するサービスや商品が生まれ、さらにエスカレートした需要と供給の悪循環が生まれる。これが現代の病です。

**坐禅は、こうした心身、脳の感覚麻痺を浄化し、治癒してくれる力を持っています。**

時間をつくって、閑静な場所に心身を整えて坐ると、強烈な刺激を求めている自分に気づくはずです。刺激を求める心を押さえつけるのではなく、認め、観察していく。すると不思議なことに、刺激を求める興奮が静まり、欲がなくなっていく感覚を楽しむことができます。

『スッタニパータ』という仏典に、お釈迦様が悪魔と対峙しておられる場面をあらわした、次のような一文が出てきます。

「わたしはこのように修行に打ち込み、これ以上はないというほどの苦痛を受けている。だから私の心は（世間の）人の望むようなことを求めない。わたしの心の清らかさを見るがいい。お前の第一の軍勢は欲望であり、第二の軍勢は嫌悪である。第三は飢渇《きかつ》であり、第四は妄執である。お前の第五の軍勢は無気力に過ごすことであり、第六は恐怖である。第七は疑惑であり、第八の軍勢は偽善と強情である」（参照：『ブッタのことば』中村元・訳

／岩波文庫）

ここでいう悪魔とは、お釈迦様自身の刺激への渇望、つまり欲のことです。そのときお釈迦様が自身の欲と戦うための方法こそが、坐禅だったのです。坐していたずらに刺激を求める心を見つめる。それが坐禅なのです。

刺激に溺れ、翻弄されるのは、人間が愚かな生き物だからです。お金持ちも貧乏人も、王様も平民も、社長も社員も、先生も生徒も、老人も若者も、「人間は『愚かさ』という点において平等である」とお釈迦様は説いています。

**「自分は愚かであると知り、認めた上で愚かさを克服していくことに、人生の醍醐味がある」**

と私はそう考えています。

044

# 「命を大切にする」とは、「今」をおろそかにしないこと

1998年以降、自殺者数は14年連続して「3万人」を超えていました。現在は減少傾向にありますが、それでも、2018年2万840人が自死を選び、依然として多くの方々が亡くなられています（参照：警察庁Webサイト「平成30年中における自殺の状況」）。

キリスト教では、自殺は大罪です。なぜなら、人間は、神が自分に似せて創った存在であり、人間が自ら命を絶つのは、「神への冒瀆《ぼうとく》・反抗」に値するからです。

しかし、創造神を立てない仏教では、自殺を肯定も、否定もしていません。お釈迦様は、「命を粗末にしてはいけない」「自ら命を絶ってはいけない」と直接的に自殺を咎《とが》めてはいません。婉曲《えんきょく》的に、

「刺激や欲の虜となって、『今日すべきこと』をおろそかにしていれば、それは『生きていない』ことと同じである。刺激や、欲に振り回されている自らの愚かさに、目覚めなさい。目覚めた時点で、『自分から死ぬ』という選択肢はなくなる」

と説いています。

ある日、自殺願望のある娘さん（A子さん）を連れて、母親が相談に訪れました。

A子さんは、高校3年生。失恋と受験の失敗から心を病み、過食と自傷行為（リストカット）を繰り返すようになっていました。家族が寝静まってから、空腹を満たすために「石鹸」を食べたこともあったそうです。

2人を客間にお通しして、話をうかがっていたときのことです。下を向き、静かに押し黙っていたA子さんが、突如、私の目の前で手首を切ったのです。一瞬の出来事でした。

幸いにして傷は浅く、出血はすぐに治まりました。

彼女が落ち着くのを待って、私は、「手首の傷を見なさい」と声をかけました。

「あなたは『死にたい』と思って、何回も手首を切ってきた。けれど、あなたの体は、そうは思っていません。

その証拠に、あなたの心とは関係なく、傷つけられた瞬間から、あなたの体は、生き延びようとして、全エネルギーを使って、ものすごいスピードで、傷をふさごうとしている。あなたがどう思おうと、体は『生きたい』と思っている。それが『命』です」

A子さんは、「自分には、価値がない」と自己否定をしていました。ですが、価値のない人間など、ひとりもいません。人は、「ここに生まれた」というただそれだけで価値があります。

お釈迦様は、生まれてすぐに「7歩」歩いて「天上天下唯我独尊《てんじょうてんげゆいがどくそん》」と言われたと伝えられています。「唯我独尊」とは、「唯《た》だ、我《われ》、独《ひと》りとして尊《とうと》し」という意味です。

私たちは、天上天下にただひとりの、何ものにも代えがたい存在です。

人間は、何らかの条件を得ることによって尊くなるのではありません。能力、学歴、財産、地位、健康などの有無を超えて、何ひとつ加えなくても、「私の命」は尊いのです。

「体」は生きようとしている。「私」という存在は、生きているだけで尊い。

そのことを無視して、命を粗末に扱う行為は、「愚か」であると私は思います。

お釈迦様は、「命は今しかないのだから、命を大切にしなさい」と説かれています。

**「命を大切にする」とは、過去の思い出にすがるのではなく、未来の自分を想像するのでもなく、「自分の命は今しかない」とあきらめて、生きている「今」をおろそかにしないことなのです。**

## 045

# 「自分は怒っている」と認めることが、「怒り」の感情を克服する最初の一歩

あるセミナー講師の女性から、相談をいただいたことがあります。

彼女は、「心」について体系的に学び、現在は、メンタルトレーナーとしても活躍しています。しかし、彼女は、「講師としての自分」と「家庭に戻ってからの自分」にギャップを感じていました。

心理学を勉強し、理論武装はできている。講師として人に教える立場にもある。それなのに、「自分の心が乱れ、怒りたくなるときがある」ことに思い悩んでいたのです。

彼女を苦しませている原因は、「2つ」あります。ひとつは、人間の感情を知識だけで押さえつけようとしたことです。

一休宗純《いっきゅうそうじゅん》は、室町時代の臨済宗《りんざいしゅう》の僧です。その生涯にさまざまな説話を残したことから、江戸時代に、説話『一休咄《いっきゅうばなし》』がつくられ、「とんちの一休さん」として知られるようになりました。

『屏風《びょうぶ》の虎退治』の説話は、絵本や童話の題材としても有名です。

室町幕府3代将軍・足利義満《あしかがよしみつ》が、あるとき一休さんを呼び出して、無理難題を押し付けました。「屏風絵の虎が、夜な夜な屏風を抜け出して暴れている。一休の知恵で虎を捕獲してくれまいか」

するとー休さんは、

「では、虎を屏風から追い出してください。そうすれば、この一休が召し捕ってご覧に入れます」

と、とんちを聞かせて、義満を感服させたのです。

心理学、コーチング、NLPなど、人の心を体系的に理解することは大切です。ですが、人の心も、「屏風の虎」と同じではないでしょうか。

つまり、「出てきていないものを、退治する(克服する)ことはできない」のです。

彼女は、「心理学を学べば、心の平静を保つことができる」と考えていました。「心理学を学べば、怒りの感情が湧き起こるはずがない」と思っていました。

しかし、「怒り」が湧き上がっていないときに、「怒り」の感情を克服することはできません。

『屏風の虎退治』の文脈にあるのは、**「自分の中の問題は、その問題が起こったときに、解決をすればいい」ということです。**

**この説話は、「問題が起こっていないのに、余計な心配をして、余計な知識をつけて、余計に戸惑う人間の愚かさ」を皮肉っているものだと私は解釈しています。**

もうひとつの原因は、「自分の心の弱さ」を認めていないことです。

ミャンマーのある寺院では、「今の自分の気持ち、自分の感情をプレートに書いて、首にかける」という修行を行っているそうです。「気分がいい」「嬉しい」「イライラしている」「怒っている」など、「自分の心の動き」を観察し、受け入れ、周囲の人に伝える。自分の心の状態を客観的に見つめ、また周囲との衝突を避けることができます。

この女性は、「心理学を教える講師である以上、怒ったり、悲しんだり、ストレスを感じてはいけない」と「今の自分の気持ち」を否定し、「心理学を教える講師として、心の問題を克服している自分」を演じていました。

だから、「実際の自分」と「演技の自分」とのギャップに苦しんでいたのです。

自分の「今」の感情を否定せず、素直に認める。「自分は心の勉強をしてきたけれど、今、腹が立っている」と認めてしまう。

「私は怒っている」「私は腹が立っている」と自分の中で「念」じて、自分の気持ちを全身全霊で自覚する。そうすることで、人は、冷静さを取り戻すことができます。**怒りを克服する最初の一歩は、「自分の感情を認める」ことなのです。**

禅寺には、「作務《さむ》」という強力な自己鎮静方法があります。

作務とは、整理整頓や清掃のことです。「なんだ、整理整頓、清掃ですか」と思われるかもしれませんが、作務を徹底してやり込むことで、心身に溜まった怒りや不浄なエネルギーが見事に消えていきます。

**整理とは、不要なものを捨てること。**
**整頓とは、元の位置に戻すこと。**
**清掃とは、新品の輝きを保ち続けることです。**

ただ漠然と片付け掃除をするのではなく、この意義を頭におきながら、作務を行います。

なぜ、作務をすると怒りが静まるのかというと、理由は2つあります。

1つ目は、**全身の筋肉を動かすことによって、怒りエネルギーが物や相手に仕向けられることなく、身体外に放出されるから。**

2つ目の理由は、**作務を、心の整理整頓や清掃をするつもりで徹底的に行うことで、心**

**に染みついたモヤモヤや、複雑に絡み合った頭のゴチャゴチャした思考が整理されていくからです。**

どうしようもなく腹が立ったとき、キレそうになったとき、その行き場のないエネルギーを物や相手に向けるのではなく、押さえつけるのでもなく、徹底的に作務をすることによって、心身の鎮静と浄化に使うのです。

慣れてくれば、怒りが湧き起こるたびに身の回りが片付き、精神がスッキリしてくる心地良さに楽しさを覚えるようになるでしょう。

## 046

# 相手に悪口を言われても、受け取らない。受け取らなければ、腹は立たない

悪口、非難、中傷を浴びせられたとき、悔しい気持ちや、悲しい気持ちになることがあります。

悔しさや悲しさを覚えるのは、「相手の言っていることを受け入れ、それに反論したい」と思うからです。

お釈迦様が、「ラージャグリハ」(古代インド、マガダ国の首都)で説法をしていたときのことです。バラモン教の若い僧侶から、いわれのない非難、中傷、悪口を投げかけられたことがあります。

その僧侶は、多くの人々から尊敬を集めているお釈迦様を妬《ねた》ましく思っていました。そして、一計を案じた。

「罵詈雑言《ばりぞうごん》を浴びせれば、腹を立てて罵詈雑言を返してくるに違いない。そうすれば、お釈迦様を尊敬している人々も見捨てて去っていくだろう」

凡人であれば、「売り言葉に買い言葉」で、言い返してしまうところです。あるいは、相手の言葉に傷つき、落ち込んだりするかもしれません。

しかし、お釈迦様は、「許せない」と憤《いきどお》ったり、「悲しい」と傷つくこともなく、ただ、心静かに聞いているだけでした。

そして、その僧侶から、「どうして腹を立てないのだ？」と問われたとき、お釈迦様は、こうおっしゃいました。

「バラモンよ、あなたのところに客がやって来て、その客に食べ物を出したとする。客が食事をしなければ、残された食べ物は誰のものになるか？食べ物はあなたのものになる。

それと同じように、私は、あなたが差し出した悪口を受け取らない。だから、その悪口はあなたのものだ。持って帰るがいい」

お釈迦様は、「ひとつの岩の塊《かたまり》が風に揺らがないように、賢者は非難と賞賛に動じない」とおっしゃっています。

**お釈迦様が「動じない」のは、的外れな非難中傷を「受け取らない」からです。受け取らなければ、苛立つこともなくなります。**

（参照：『ブッダの真理のことば　感興のことば』中村元・訳／岩波文庫）

ある会社の新商品企画会議（プレゼン会議）の席で、商品企画部のA部長が、「新商品」のアイデア案と販売計画のプレゼンを行いました。

会議に参加していたのは、役員20人です。A部長の説明が終わったとたん、営業部のB部長がかみ付きました。B部長は、日ごろからA部長を快く思っておらず、A部長を槍玉《やりだま》に挙げたのです。

「A部長のアイデアは、いつも二番煎じだ」「販売計画が甘すぎて、それでは営業が苦労する」……。

B部長の指摘は20分に及びましたが、その多くは、客観性や根拠を欠く誹謗中傷《ひぼうちゅうしょう》で、A部長に対するB部長の嫉妬が透けて見えていました。

A部長は、ひと言も言い返さずに、ただ耳を傾けた。そしてB部長の反論が終わると、ひと言だけ、こう言ったそうです。

「貴重なご意見をありがとうございます」

A部長は、B部長の非難（悪口）を受け取らなかったのです。

B部長は、「A部長を非難すれば、賛同者があらわれる」と考えていたようです。ところが、B部長に味方する役員は、ひとりもいませんでした。

A部長が提案した「新商品」は、B部長を除く18人の承認を得て、無事に商品化。ヒット商品に成長しています。

承認を得ることができたのは、「新商品」に魅力があったからです。けれど、B部長の非難を受け取らず、悠然と対処した「A部長の姿勢」が、商品化にひと役買ったと解釈することもできます。

B部長に何を言われても、心を動かされなかったA部長の姿勢が、18人の役員の共感を得たのではないでしょうか。

B部長は、A部長を非難して味方を失った。一方のA部長は、「聞き流しただけ」で多くの味方をつけたのです。

自分に悪口を言っている相手に、同じ言葉を返す必要はありません。怒りに対して、怒りをもって報いるのは、火に油を注ぐだけです。言い争いは、お互いに憎しみの気持ちを大きくします。

**打ち負かすのではなく、聞き流す。**

**的外れな誹謗中傷なら、受け取らない。**

それが「非難や悪口に動じない」ための妙諦《みょうてい》（すぐれた真理）です。

# 047

# 絶望的な悲しみから、自分の心を救う方法

人生の深い悲しみや苦難に直面したとき、自分の心を救う方法があります。それは、

「祈ること」

です。

「祈り」は、人の心を癒やします。


2011年3月11日に発生した東日本大震災は、未曾有《みぞう》の被害をもたらしました。

当時、私も、ボランティアスタッフとして現地に赴《おもむ》き、泥出し、瓦礫《がれき》撤去、家財道具の運び出しなどに携わっていたのですが、被災者のひとりから、

「元勝さんは、普段はお坊さんをされているのでしたよね。でしたら、お経をあげていただけませんか?」

とお願いをされました。

やり場のない怒りと悲しみ、限りない絶望にあふれた避難所で、私はお経を唱えました。たくさんの被災者が、私とともに手を合わせ、静かに祈りました。

お経を唱え終えたとき、ある女性が、私にこんなことをおっしゃったのです。

「私たちは、『泣くこと』しかできないと思っていました。でも、『泣く』だけでなく、『祈

る』こともできることがわかりました。お経の意味まではわかりませんが、祈りを捧げたことで、少しだけ、気持ちが落ち着いた気がします」

この女性の話を聞いて、私は、「大切な人を失い、失意の底に沈む人の側にいて、一緒に祈ることは、僧侶の大切な務めである」とあらためて意識したのです。

私が愛知学院大学大学院で宗教学を専攻していたとき、イギリス人講師のティム・フィッツジェラルド先生が、「仏教における儀式の機能」について、次のように教えてくださいました。

「日本でも海外でも、長く連れ添った相手に先立たれたとき、大きな喪失感から、うつ状態に陥る人がいる。調査の結果、その数は、圧倒的に海外が多く、日本人は少ない。その理由は、『法要の多さ』にある。

日本では、お通夜、告別式、初七日法要、四十九日など、忌日《きにち》法要も年忌《ねんき》法要も多い。法要が多いと、故人と向き合う機会が多くなるため、結果的に、その人の死を受け入れるようになる。亡くなったことを心から認めることが、悲しみを乗り越える第一歩であり、日本は、西欧に比べて、『時間をかけて死を受け入れていくための儀式』が確立されている。だから、うつ状態になる人が少ない」

**「祈り」という行為を通して、人の心は少しずつ癒やされていきます。もし、耐え難い悲しみやストレスにさらされたときは、手を合わせて、**

**「生きとし生けるすべてのものの、苦しみがなくなりますように」**

**とお祈りをしてみてください。**

悲しみや苦しみを経験した人間は、自分と同じように苦しんでいる人の気持ちを汲み取ることができます。

自分以外の「生命あるものすべて」に対してやさしい心を持つことがお釈迦様の教えです。**お祈りをするときは、ぜひ、「生きとし生けるすべてのもの」の幸せを願ってください。「生きとし生けるすべてのもの」に祈ることで、エゴが減り、思いやりの心を育むことができます。**

人間にとって、もっとも愛おしいのは、自分です。私たちは無意識のうちに「自分は、特別な存在だ」と考えています。そして、私が、私を、私に、私だけ……と、「自分」という、とても小さな尺度でものごとを見ているからこそ、悩み苦しむのです。

人間はひとりで生きていくことはできません。家族だけで生きていくこともできません。見たことも会ったこともない「誰か」を含めた多くの人間関係の中で生かされています。人間のみならず、山も木も、動物たちも、自然界に存在するすべての生き物が、どこかで連鎖し、関係しながら、はじめて生きていくことができるのです。

そのことを知らず、あるいは忘れて、「自分だけが幸せに生きられればいい。他の命は邪魔だ」と排除してしまえば、結果として、自分自身の首を絞めることになってしまうのです。

ですからお釈迦様は、「私」というエゴを主張する前に、生きとし生けるものの幸せを祈る慈悲の心、思いやりの心を育てることを奨励したのです。

『ダンマパダ』(真理のことば)という、お釈迦様の教えを記したお経の中に、生き物に対する暴力をいましめる言葉があります。

「すべてのものは暴力におびえ、すべてのものは死を恐れる。すべての生き物にとって命は愛おしい。己が身にひきくらべて、殺してはならぬ。殺さしめてはならぬ」

矛盾するようですが、命は他の命を奪って生きています。命あるものを食べて生きています。自分の生活を脅かすものは排除して生きています。それが現実です。

だからこそ、お釈迦様はおっしゃったのです。

「それが当たり前になってはいけない。小さな虫であっても、それが己を愛おしむ命であることを忘れてはならない。そうしないと、自分の仲間ではない人間、自分の利益にとって邪魔となる人間は殺してもよいというところまで発展してしまう」

この地球上でもっとも発達した知性を持つ生き物は、人間です。人間だけが、欲や怒りに任せて自分以外の命を、大量に殺《あや》める戦争を起こします。と同時に、人間だけが、人間以外の命を慈しみ、守ることができるのです。

私たちは、自分の知性を、そして自分の心を、いたずらに他の命を奪う方向ではなく、少しでも生きとし生けるものの幸福を祈る方向に育てていきたいものです。

## 048

# 「悩み」と「不安」の正体とは？

仏教には、「無明《むみょう》」という言葉があります。「無明」とは、真理が明らかになっていない状態のこと（＝無知）です。

「人生における人間の悩みや不安は、すべてに『無明』からはじまっている」とお釈迦様は説いています。

**悩みや不安から解放されるには、「真理」を知って「無明」を取り払うこと。すなわち、「悩みの根本原因」と「不安の根本原因」を明らかにすることです。**

「悩みの根本原因」とは、諸法無我《しょほうむが》の真理を理解していないことにあります。

諸法無我とは、自分自身を「絶対的な存在ではない」と意識することです。すべての人が自分中心にものごとをとらえ、「自分の考えは絶対に正しい」「今、自分が思っていることは絶対だ」と強い自我を持ってしまうため、自分の思い通りにならなかったとき、そこに悩みが生まれます。

自我によって生まれる悩みは、２種類あります。「意味のある悩み」と「意味のない悩み」です。

「意味のある悩み」とは、精進《しょうじん》（努力）によって乗り越えられる悩みのことです。
「意味のない悩み」とは、自分の能力ではどうにもならない、自分では対処できない悩みのことです。

たとえば、大学受験を1ヵ月後に控えた高校生がいたとします。

この高校生の偏差値が「30」で、志望校が東京大学だったとき、「受からなかったら、どうしよう」と思い悩むのは、「意味のない悩み」です。なぜなら、実現する可能性がきわめて低いからです。

一方、この高校生が、「今は偏差値が30しかないけれど、半年後に偏差値を50にするにはどうしたらいいか」と悩むのは、「意味のある悩み」です。なぜなら、精進を怠らなければ、実現する可能性があるからです。

人は、必ず悩みます。悩みが生じたら、その悩みが、「意味のある悩み」なのか、それとも「意味のない悩み」なのかを冷静に見つめることが大切です。

**その悩みが、「意味のある悩み」であれば、精進して乗り越える。**

**「意味のない悩み」なら、執着しない。捨てる。**

お釈迦様は、「自分ではどうにもできないことに思い煩うのは、無明である」とおっしゃっています。

この世のすべては自分の思い通りにはならず、また自分中心に動くものではありません。自分を取り巻く環境が変われば、自分の考えも変わります。永遠不変な自我はないのですから、「自分が絶対である」と決めつけないことです。

**「不安の根本原因」とは、「諸行無常」の原則を忘れていることです。**

諸行無常とは、「世界のあらゆるものは、絶えず変化し続け、決して永遠のものではない。この世界はとどまることなく生まれ、やがて消えていくということの繰り返しである」という仏教の基本概念です。

命は、そもそも安定することがありません。それが自然界の法則です。けれども自然界に生きる他の動物と違って、私たちに人間は、その高度に発達した脳によって、無意識のうちに自らの命の有限性を自覚しています。「安定できないからこそ、安定したい」。それが不安の正体です。

世界は、常に変化しています。

そして、どのように変化するのか、未来に何が起きるのかは、誰にもわかりません。それなのに、「予想ができない未来」に対して勝手な推測をし、「誰にもわからない未来に思い煩うのは、無明である」とお釈迦様はおっしゃっています。

では、まだ見ぬ未来に不安を覚えたら、どのように折り合いをつければいいのでしょうか。

お釈迦様は、「自分を変えなさい」と示唆しています。ただいたずらに周囲に流される自分から、「目的に向かって自覚的に生きる自分に変えなさい」と教えています。

目的を持ち、そこに至るための具体的な知識や手法を調べて手に入れ、成長に向かって自分から進化するのです。

たとえば、自分が乗っているボートが、激流に流されているとします。

このとき、「このまま流されたら、どうなるのだろう?」「激流にのみ込まれて、転覆《てんぷく》するのではないか?」「もしこの先に滝があったら、滝壺に落とされるのではないか」と不安を覚えるかもしれません。

流されるのが怖かったら、「自分でオールを持って、漕ぎなさい」というのがお釈迦様の教えです。

「転覆しませんように」「滝壺に落とされませんように」と願ったところで、状況は変わらない。ならば、自分が変わるしかありません。

人生という川の流れにただ流されるのではなく、流されながらも、自分で漕いでみる。そうすれば、向こう岸に渡ることができるようになります。

**悩みや不安がある人が愚かなのではありません。悩みや不安の正体を明らかにせず、そのままに、「何もしない人」が愚かなのです。**

お釈迦様の教えをひと言であらわすなら、

「怠けるな」です。

「人生を人任せにせず、怠ることなく、精進しなさい」と教えられたのです。

人生とは、成長するための営みです。悩みや不安にさいなまれたら、怠ることなく励み、精進し、努力を続ける。

その結果、人は、悩みや不安を乗り越え、自信と成長を手にすることができるのです。

## 049

# イライラを鎮めるもっとも簡単な方法

福厳寺では、1年を通して、さまざまな儀式やお祭りが行われています。なかでも、毎年12月、数千人の参拝者で賑わうのが、「福厳寺　秋葉大祭」。

福厳寺秋葉大祭は、室町時代から540年続く伝統の火祭りです。

この祭りは「祈祷《きとう》」と「火渡り」という2つの儀式を通して、火防の神として知られる秋葉三尺坊大権現《あきばさんじゃくぼうだいごんげん》の遺徳《いとく》をたたえ、「三毒を鎮める」ために行われます。

秋葉三尺坊大権現の遺徳とは「2つの火」を制する力のことです。ひとつは、火災を引き起こす「物理的な火を制する力。そしてもうひとつは、三毒とよばれる、愚かさ、欲、怒り、ねたみ、恨み、イライラ、といった「心の火」を制する力です。

私は平成27年に福厳寺の住職に就任して以来、この大祭の布教に尽力してきました。なぜなら、「心」に苦悩を抱える人々にとって、この祭りが「新たな一歩を踏み出す覚悟と勇気」を与える、と考えるからです。

秋葉三尺坊大権現が祀《まつ》られている本殿で「祈祷」を受けることによって愚かさを反省し、身を焦がすような火を歩いて渡る「火渡りの儀」によって、貪瞋《とんじん》（むさぼりと怒り）の恐ろしさを、参拝者に身体で実感していただくのです。

人間の感情は、瞬間的に、突発的に爆発するものではありません。いくつもの火種がくすぶり続け、合わさり、少しずつ火力を増していきます。
イライラや怒りを鎮めるには、「心の火」が燃え上がる前に、「種火」のうちに鎮火すべきです。**人がイライラの火種を抱えてしまうのは、「自分に対する執着心」が強すぎるから。**

ようするに、

「自分のことを大切に思いすぎている（好きすぎている）」

からです。

大切なものを壊されたとき、人の心にイライラが芽生えます。

たとえば、「100円ショップ」で買った食器を子どもが割っても腹が立たなかったのに、「1枚1万円」のお皿を子どもが割ると怒りたくなるのは、100円のお皿よりも1万円のお皿のほうが「大切だから」です。

自分で自分のことが「好きすぎる」人は、自分を大切に思うあまり、「自分が否定される」ことを極端に恐れています。

思い通りにいかないとき、イライラや怒ったりするのは、防衛本能の発露です。他人を攻撃することで、大切な自分を守ろうとしているのです。

では、どうすればイライラの種火を消すことができるのでしょうか。仏教が教える種火を消す処方箋は、「瞑想《めいそう》」です。

瞑想といっても、坐禅を組んだり、心を静めて仏に祈ったりすることではありません。**瞑想というのは、心を「無」にしてイライラを抑えつけることではなくて、「イライラしている自分を認めて、全身で感じる」ことです。**「今、自分はイライラしている」「このモヤモヤ感は、きっと怒りの感情だ」……と、客観的に自覚することが瞑想です。

多くの人は、イライラしているとき、「イライラしていないフリ」をします。他人に、「そんなことでイライラするなよ」と指摘されると、「イライラなんかしてないよ！」と言い返したくなるのは、「イライラしている自分」を認めたくない、という反発心からです。

**怒りやイライラの感情は、抑えつけようとすると、反発して大きくなりやすい。**一方で、**「イライラしてる自分」に気づき、「自分は今、イライラしはじめているんだ」と認めた瞬間、自分の心を落ち着かせることができるのです。**

唐の時代の北宗禅《ほくしゅうぜん》（中国の禅宗の一派）の僧侶、神秀《じんしゅう》は、次の偈文《げぶん》を残しています。

「身は是れ菩提樹　心は明鏡の台の如し　時時に勤めて払拭せよ　塵埃《じんあい》を惹かしむること莫《なか》れ」

「この体は覚《さと》りを宿す樹である。心は真実をそのまま映し出す曇りのない鏡である。だから、煩悩・妄想・雑念の塵や埃で汚さないように、いつも拭かなければならない」という意味です。イライラを鎮めるもっとも簡単な方法は、「自分は今、イライラしている」と認めることです。

しかし、ひとたび怒りの拳を振り上げてしまってからだと、鎮火させるのは容易ではありません。ですから、日頃から、「自分がどういう感情を抱えているのか」「なぜ、そのような感情が生まれてきたのか」を客観的に眺める必要があるのです。

**イライラがピークを迎えてから自分の感情と向き合うのではなく、普段から「瞑想」を心がける。**

**「鏡」が汚れてから拭うのではなく、汚れないように毎日拭く。**

心に起きた火種は、燃え盛る前に、その都度、鎮火させる。

瞑想によって、小さな心の汚れや苛立ちを拭き取っていく。そうすることで、イライラを手放すことができるのです。

学生時代に、ある先輩から、「感情を見つめるノート」をつけることを教わりました。

1冊のノートを用意し、毎日寝る前に1日を振り返ります。そして、ノートの左ページには、その日感じたマイナスの感情を、右ページにはプラスの感情を書きます。すると興味深いことに、最初は左ページが多く埋まり、右ページにはほとんど書くことがありませんでした。けれど、しばらくノートをつけ続けると、次第に左ページに書くことが少なくなり、右ページへ書くことが増えていったのです。

イライラすることが多い人、人と衝突してしまうことが多い人、仕事などで失敗することが多い人にこの方法を勧めると、ノートが1冊埋まる頃には、たいていの人が自分の感情を見つめられるようになり、イライラが減っていくことを感じられるようです。

# 050

# 「四諦《したい》・八正道《はっしょうどう》」を実践すると、「苦」がなくなり、心の平穏が訪れる

仏教の開祖であるお釈迦様は、ブッダガヤーの菩提樹下で、苦を滅し、覚《さと》りの境地に到るための真理＝「四諦・八正道」を覚ったといわれています。

**◉四《し》聖《しょう》諦《たい》（四諦）……仏教が説く4種の基本的な真理です。苦しみは「他者」からもたらされるものではなく、すべて「自分の中」から生じています。**

①苦《く》諦《たい》：人生は苦しみにあふれており、思い通りにはならないことを知る
②集《じっ》諦《たい》：苦をもたらす原因は心の汚れであることを知り、それを観察する
③滅《めっ》諦《たい》：苦を滅することができれば、心の平安を得られることを知る
④道《どう》諦《たい》：苦を滅するための実践方法が存在することを知る

**◉八正道……人生は苦の連続であり、その苦の原因は執着によって起こります。お釈迦様は、執着を断ち切れば覚りを得ることができると考え、その状態に到達するための8つの「正しい実践方法」を説かれました。**

①正見《しょうけん》：存在の真実を見極める。存在とは「変化」である。瞬間瞬間に変化する存在（無常）であると認めること

②正思惟《しょうしゆい》：正しい考え＝貪瞋痴《とんじんち》（貪…欲深さ、瞋…怒り、痴…迷い）を避けた考えをすること

③正語《しょうご》：相手を幸福にする言葉を使うこと

④正業《しょうごう》：他の迷惑にならない、さまたげにならない行為をすること

⑤正命《しょうみょう》：他に貢献すること

⑥正精進《しょうしょうじん》：正しい努力をすること

⑴自分が今もっている悪しきところを直すための努力

⑵まだやったことがない悪しきことをしない努力

⑶自分のもっている善きところ、今やっている善きことを伸ばす努力

⑷まだやったことがない善きことに、積極的に取り組もうとする努力

⑦正念《しょうねん》：正しく自分を観察すること

⑧正定《しょうじょう》：正しい心の統一＝静かな環境で坐禅をすること

**「仏教」をひと言で説明すると、「苦しみを手放すための教え」です。仏教の目的は、「苦しみの根本を知って、苦しみを少なくする」ことにあります。**

「四諦・八正道」を実践すると、「苦」を手放し、心の平安が訪れるようになります。なぜなら、「知恵」を授かったことによって「今まで見えなかったことが見えてくる」ようになり、「独《ひと》りよがりで見ていたことが、ありのままに見えるようになる」からです。

私はお寺の弟子として育ちました。3歳で経本を持たされ、5歳から葬儀、法事に連れて行かれ、延べ1万軒もの家と関わってきました。

その体験から実感していることは、「人には本当に多様な生き様があり、多様な死に様がある」ということです。

人間の「死」は、その人の「生」をあらわします。死後、その人が生前抱えていた人生の問題が、一気に噴き出すからです。

法要のために、家々をまわっていて気づくことがあります。それは、きちんと仏壇を護り、教えを学び活かそうとしている家は栄え、「慣習だからしかたなく法要を行い、できれば面倒なお説教は聞きたくない」という態度で臨んでいる家は衰退していくという事実です。

繁栄する家のすべてが「四諦・八正道」を熟知し、実践されているわけではありません。けれども、法要の折にそのような話を好んで聞き、また、その一部でも積極的に、日々の生活の中で実践していこうとする姿勢のある人や家は、たとえ、その人生の過程で大きな荒波にのまれることがあっても、またそこから軌道修正して、心の平安と幸福をつかんでいくのです。

おわりに

# 「苦しみ」は、知らず知らずのうちに積み重ねてきた「生き方」に対してのSOS(警鐘)

最後までお読みいただきありがとうございました。いかがでしたでしょうか。この本のどこかに、あなた自身の苦しみを手放すヒントを見つけることはできましたでしょうか。

苦しみは、あなたの肉体や精神を傷つけ、あなたの心身の力を失わせ、あなたから貴重な時間を奪っていきます。

それは一見とても不幸なことに思えるでしょう。

けれども別の見方をすれば、「苦しみ」はあなた自身の潜在意識が発するSOS（警鐘）であるともいえるのです。

たとえば、さまざまな病気が、私たちが知らず知らずのうちに積み重ねてきた、望ましくない生活習慣に対して発せられる体からのSOS（警鐘）であるように、**あなたの「苦**

**しみ」は、あなたが知らず知らずのうちに積み重ねてきた「生き方」に対してのSOS（警鐘）なのです。**

「生きる」とは、心で思ったことを言葉に表し、行動に表すことです。

仏教では、これらの身と口と心の行為のことを、身口意《しんくい》の三業《さんごう》と呼んでいます。

**身口意（心と言葉と行動）の方向性が一致してはじめて、私たちの心身は矛盾なく快適に生きることができます。**けれども、あなたの身口意のどこかに歪みやズレが生じているとき、それが不快感、違和感となって現れてきます。これが「苦しみ」なのです。

大切なことは、苦しみを一時的な快楽でごまかしたり、逃避したりせず、苦しみと向き合い、苦しみから学ぶことです。

苦しみから学ぶとは、どういうことか。

それは、苦しみとは、過去にあなたが積み重ねた身口意の三業の結果であると知ることです。

## 「苦しみ」を生み出しやすい生き方、「苦しみ」を離れて生きる生き方

先にも述べましたが、生きるとは、心に思ったことを口に話し、行動に表すことです。日々「何を思い、何を話し、何を行うのか」その積み重ねが、「苦しみ」という結果ももたらすし、また「幸福」という結果ももたらすということです。

病気になりやすい生活習慣もあれば、病気になりにくい生活習慣もある。同様に**「苦しみ」を生み出しやすい生き方もあれば、「苦しみ」を離れて生きる生き方もある。**

この本を読まれたあなたには、ぜひそのことに気づいて新たな一歩を踏み出していただきたいと思います。

新たな一歩とは何か。それは、生き方の転換です。

**「病気」をきっかけに健康的な生活を送ろうとするように、「苦しみ」をきっかけに、生き**

**方の転換をはかる。**

この、苦しみを手放して幸福に向かう生き方こそが、仏教なのです。

ここに一通の手紙があります。

苦しみのどん底にあって私と出会い、新たな一歩を踏み出した男性からの手紙です。彼は、インターネット関連事業を営むベンチャー企業の営業マンとして活躍していましたが、若くしてガンを患い、人生に行き詰まって私の弟子となりました。

大愚和尚さま

サラリーマン時代、わたしには、生きる指針がありませんでした。生きる指針がなかったので、お金儲けや、出世、ブランド、性欲、食欲、睡眠欲、認められたいなど、とにかく欲求を満たすことに生きる価値があると思って生きてきました。

お金を払えばそれに見合った快楽と物が得られると思って必死にお金稼ぎをしようと生きていました。

ただただ欲求を満たすためだけに生きている。でも満たされないから、また求めるという悪循環を生きていました。


名古屋で就職し、大阪に転勤となり、３年間一人暮らしをしていました。自炊は一切せず、オール外食。飲み会とマッサージ屋通いする日々でした。

日本中を営業マンとして飛び回る毎日は、とても刺激的でした。

上司の朝ごはんを毎日買って、殴られながら営業を教わりました。

その上司のおかげで営業マンとして結果を出せるようになりました。

二度と会いたくありませんが、仕事がまったく出来なかった私に、営業のイロハをたたき込んで下さったことには、生涯感謝すると思います。


お金は、あるだけ使いきるという生活でした。

どれだけお金を使っても何も満たされませんでした。

満たされない心を埋めようとして、さらにお金を使いますが、お金を使うたびに心の穴が大きくあいていくような虚しさがありました。

そこには何の生きる指針もなく、無秩序にただただ貪り生きているという生活でした。


30歳で癌に侵されました。


死ぬということがどういうことかを、がんセンターで目の当たりにしました。死を受け入れたおばあちゃんの穏やかな表情があったり、お見舞いにいらっしゃるご家族の優しい眼差し。

がんセンターでは『死』が穏やかなあたたかな世界でした。

愛する家族がいるという安心感と幸福感をがんセンターで何度も目の当たりにしました。


がんセンターで今までの貪りの人生を悔いました。

ないがしろにしてきた家族への愛情が最も人生の価値であると反省しました。

死を受け入れ、残された命は自分を無条件に愛してくれる父と母、兄妹を大切にして生きていこうと決めました。


それから半年後、私は知人の紹介で、ある女性とお見合いをしました。

初めての席で、癌であることを伝えました。

当然のごとく付き合いを断られるだろうと思っていました。

しかし彼女は、「癌なんて誰でもなる可能性があるのだし、そんなことはなんの問題でもない」と言ったのです。

信じられませんでした。世の中にそんな人がいると知って、衝撃を受けました。

せめて彼女の前だけでも、誠実な自分でありたいと思いました。

そして私は彼女と結婚しました。


妻はもともと仏教に信仰の篤い家庭に育った人で、誠実さと、知恵と、深い思いやりを備えた女性でした。

また妻は、大愚和尚が住職を務める福厳寺の職員でもありました。

妻から福厳寺での話を聞くうちに、僧侶になりたいという想いがどんどん膨らんで、お寺の門をたたきました。

福厳寺の境内に足を踏み入れ、お寺が「聖域」であることを感じました。いつも落ち着きがなく、どこか不安な私の心が、お寺の山門をくぐると安らぎに変わります。

鳥の鳴き声、木々の葉がこすれる音。

呼吸をするだけで癒やされ、心が浄化される気がします。

大愚和尚との出会いは、衝撃の連続でした。

大愚和尚のえもいわれぬ魅力とあたたかさに魅せられました。

大愚和尚はとにかく、これまで私が出会った人々とは真逆で、異次元でした。

世間一般が欲するものには手を出さず、人々が敬遠しているものの中に価値を見出し、それでいて、人々の心に寄り添い人々の心にあたたかい火を灯し、生きる糧を与えてくれます。

仏弟子になったことで得られた一番の成果は、「自分で自分の心を汚してはいけない」ということを理解したということです。

それまでの私は、わざわざ自分で自分を傷つけたり、自分の心に自ら毒を流し込むような生き方をしてきましたが、仏弟子となり、生きる指針を得てからは、心を穏やかに、清らかに保つことの重要さを日々、体感しています。

サラリーマンの時は、口八丁で、誤魔化しと嘘の連続でした。

心の汚れなど気にしたことがありませんでした。

大愚和尚からお叱りを受けました。

人の陰口を言ったり、人の悪口を言うことを二枚舌という。

二枚舌を使うことが如何に自分の心を汚しているのかを和尚からきつく教えていただきました。

人の悪口は自分の心を汚すだけでなく自分の心をも傷つけていることを知りました。

「作務」と呼ばれる清掃作業中、大愚和尚は草抜きを、「アイスクリームを食べているのと同じだ。こんな贅沢な時間はない」とおっしゃっていました。

それまでの私は、掃除など面倒くさく、将来お金持ちになったら家政婦を雇ったり、ロボットが発達すれば、ロボットにやらせればいいと考えていました。

今では、作務こそが自分の心の掃除に直結するとても贅沢な時間だと実感するようになりました。

仏教でいう富は、お金でもブランドでも地位でもなく快楽を得ることでもなく、人に恵まれるということだということも学びました。

福厳寺に訪れるたくさんの心ある方々と関わらせていただく間に、自分の心所と他人の心所はまったく違うということを理解することができました。

人と向き合うときは、感情ではなく慈悲と知恵で向き合う大切さを教わりました。

福厳寺での生活は、私の死生観を根本から変えてくれました。

福厳寺の僧侶となってから、枕経《まくらぎょう》、通夜、葬儀、法要などで、たくさんの方の死に立ち会います。

死を目の当たりする度に、命の儚《はかな》さと時間の尊さを感じます。

これまで自分の人生は時間のレールの上をただただ走っているようなものだと思って生きていましたが、僧侶になって考え方が変わりました。

時間は自分の脳が勝手に感じている妄想に過ぎないと思えるようになりました。

大愚和尚は、人の一生は泡のようなものとおっしゃいました。

この人生が泡のような人生なら、この一秒はとても貴重で泡が弾けるその日まで、家族や目の前にいる人との関わりを大切にしたいと思いました。

時々これまでの自分の人生をふりかえり、いかに自分が思い違いをしてきたのか。大きな勘違いをして生きてきたのか。ここに来て、まったく新しい価値観との出会いに、私の人生は１８０度変わりました。

僧侶としての修行はこれからが本番ですが、自分の未熟で雑な心と向き合い、少しでもマシな人間になって生きるのがこれからの目標です。

今後ともどうか厳しくご指導下さい。

本当にありがとうございます。


この手紙は、彼が弟子となって1年が過ぎた頃に受け取った手紙です。

彼は決して器用な人ではありませんが、その素直さと愚直な努力によって力をつけ、今では、苦しみを抱える人から、人の苦しみを手放すお手伝いをする人へと変わったのです。

そして今のところ、ガンも再発していません。


彼が新たな一歩を踏み出すことができたのは、決して私のおかげではありません。

お釈迦様の教えと「お寺」という空間が持つ圧倒的な力の影響です。

そして何より「ガン」という「苦しみ」を患ったことがきっかけで、自分を振り返り、自らの選択によって自らの生き方を転換したからなのです。

## 人々が「仏教」離れをしているとはまったく思えない

私が住職を務める福厳寺は、愛知県の小牧市にある、一地方寺院です。決して便利な場所にあるわけでもなく、また国宝や著名な伽藍《がらん》で知られる寺院でもありません。けれども、毎日のように全国各地、世界各地から、誰かしらが参拝に訪れます。また、日々YouTubeでの『一問一答』を見た方々から、相談やお礼の手紙が届きます。

つい先ほど、この「おわりに」を書いている最中にも、「YouTubeで『一問一答』を見て命を救われました」と、苦しみのどん底にあって自殺を思いとどまった経営者の男性が、菓子折を持ってお礼にいらっしゃいました。

今仏教界では、少子高齢化、人口減少の影響や、人々の価値観の変化などによって、お寺離れ、檀家離れが急速に進んでいます。

20年後には、全国に7万以上もあるともいわれる仏教寺院のうち、3分の1は消滅するとさえいわれています。

しかしながら、私には、人々が「仏教」離れをしているとはまったく思えないのです。むしろ逆で、人々は何かこれまでの生き方や価値観に行き詰まりを感じていて、その突破口として「仏教」にヒントを求めている気がしています。

## 私たちがより良い生活や人生の安心を得るための教え

そこで、令和元年、私のお寺はそれまで所属していた伝統仏教の教団を離れて、佛心宗《ぶっしんしゅう》という名の宗を興しました。

お寺の宗旨や運営の仕組みを現代に最適化しつつも、仏教の原点（佛心）に立ち戻りたいという思いからです。

佛心宗の宗旨はシンプルです。

一、慈悲心

一、知恵
一、仏性（感性）
を育み、社会と調和し、社会に貢献する人になりましょう

という教えです。

**仏教は、お釈迦様が説かれた「苦しみの手放し方」です。苦しみを手放して幸福に向かう生き方が、仏教です。**

**そして、お寺は死後の葬送儀礼を行うためだけでなく、僧侶自身の修行や儀式を行うためだけでなく、お釈迦様の「知恵と慈悲心」を人々に伝え、人々を安心に導くために存在しています。**

**仏教は仏像を拝む教えでもなく、世間離れ、現実離れした神の教えでもなく、私たちがより良い生活や人生の安心を得るための教えなのです。**

そして福厳寺では、その運営の仕組みを、従来の地域檀家に経済的基盤を頼るのではなく、住んでいる国や地域にとらわれることなく、世界中のどこからでも入会することができる、会員制のお寺として新たな一歩を踏み出しました。

そのことによって、一部の限られた檀家に多大な負担がかかるのではなく、多くの人が少しずつ負担をすることで成り立つお寺の運営に転換したのです。

さらに、今後私たちの歩む方向性として、次の3つの誓願《せいがん》をたてました。

1、開かれた仏教講座の開催

宗教、宗派を超えて、誰もが現実生活に活かせる仏教を学べる講座をインターネットで開催します。

2、佛心僧の育成とテンプルステイの開催

知恵と慈悲心、そして仏性（己の生まれ持った感性）を最大限に発揮して社会に貢献する内弟子を育成します。

そして、世界中から集まる有志が、お寺に宿泊しながら学び、交流するテンプルステイを開催します。

3、寺町構想

寺院消滅が懸念される日本伝統仏教界にあって、ひとつの地方寺院復興のモデルとして「寺町」を創りたいと考えています。

仏教を根本理念とした、平和で思いやりと多様性に富んだ、小さくとも美しい寺町です。決して机上の空論ではなく、私が仏教と日本伝統企業のよきところを研究して作った「経営マンダラ」を提供し、企業の皆さんがそれを学んで、精神的にも、経済的にも豊かで、ユニークな寺町を創っていく。

幸いにして、この寺町構想に賛同し、志を共にしてくださる企業の方々が増えつつあります。

## 「自由になる」とは、拠り所となる自分を育てること

繰り返しになりますが、私たちが感じているすべての苦しみはそれがどのようなもので

あれ、外から与えられたものではなく、無意識のうちに自分が創り出して、自分が握りしめているものです。
その「苦しみ」の原因と実態に気づいたのなら、あとは、あなたがその「苦しみ」を手放すだけです。

**苦しみを手放して自由になること。「自由になる」とは由《よ》れる自分、つまり拠り所となる自分を育てること。**

これがお釈迦様がお亡くなりになる前に弟子たちに残した「自灯明《じとうみょう》」の教えです。

どうぞ勇気をもって一歩を踏み出してください。
そして、あなた自身の灯明を灯してください。

2020年2月

大愚元勝

【謝辞】

本書刊行のために、多くの方に大変お世話になりました。記して感謝いたします。

霊峰武三大和尚、高瀬勝子、広瀬知哲

飯沼一洋、土江英明、藤吉豊、重原隆、斎藤充、今泉憲志、市川有人、寺田庸二、和田史子

石島英樹、内田里美、宇都宮裕、大家達佳、大脇智代美、大脇英幸、岡本はる美、川上泰顕、河合章恭子、神戸文恵、鬼頭公安、木室光貴、倉地美香、向田紘己、児島綾乃、柴田友里絵、島田育恵、末岡小百合、巣山敦子、セイエドタヘル、高瀬郁美、月城在皓、並木裕二、林幸広、平野滋之、藤田和真、松原和馬、三浦博、宮地宏美、三輪拳、村上友太、村瀬夢之介、山極理奈、山田泰行、横川初江

Chika T　Claude Ito　Craig Hodges　Timothy Fitzgerald　Timothy Faulsham

**【参考文献】**


・『ブッダが語る人間関係の知慧』―『六法礼経』を手がかりに（田上太秀／東京書籍）
・『現代文訳　正法眼蔵〈3〉』（石井恭二訳／河出文庫）
・『現代文訳　正法眼蔵〈5〉』（石井恭二訳／河出文庫）
・『とらわれない』（釈徹宗／ＰＨＰ研究所）
・『仏教のことば』（奈良康明／放送ライブラリー23）
・『仏典のことば　さとりへの十二講』（田上太秀／講談社学術文庫）
・『ブッダのことば　スッタニパータ』（中村元訳／岩波文庫）
・『ブッダの真理のことば　感興のことば』（中村元訳／岩波文庫）
・『苦の見方―「生命の法則」を理解し「苦しみ」を乗り越える』（アルボムッレ・スマナサーラ／サンガ新書）
・『善財童子の旅―〔現代語訳〕華厳経「入法界品」』（大角修／春秋社）
・『和訳　華厳経』（鎌田茂雄／東京美術）
・『維摩経　勝鬘経〔現代語訳大乗仏典〕』（中村元／東京書籍）
・『華厳経　楞伽経〔現代語訳大乗仏典〕』（中村元／東京書籍）
・『華厳の思想』（鎌田茂雄著／講談社学術文庫）
・『仏教聖典』（仏教伝道協会）
・『大乗仏典』（責任編集　長尾雅人／中央公論社）
・『禅語百選』（松原泰道／祥伝社新書）
・『苦―生命の本質―サンガジャパンＶｏｌ．29』（アルブムッレ・スマナサーラ・藤田一照他／サンガ）
・『お釈迦さまの脳科学―釈迦の教えを最先端脳科学者はどう解くか？』（苫米地英人／小学館１０１新書）
・『中村元「仏教の真髄」を語る』（中村元／麗澤大学出版会）
・『密教経典』（宮坂宥勝／講談社学術文庫）
・『碧巌録〈上〉』（入矢義高・末木文美士・溝口雄三・伊藤文生　訳注／岩波文庫）
・『碧巌録〈中〉』（入矢義高・末木文美士・溝口雄三・伊藤文生　訳注／岩波文庫）
・『碧巌録〈下〉』（入矢義高・末木文美士・溝口雄三・伊藤文生　訳注／岩波文庫）
・『浄土三部経〈上〉〈無量寿経〉』（中村元・早島鏡正・紀野一義　訳注／岩波文庫）

・『浄土三部経（下）〈観無量寿経・阿弥陀経〉』（中村元・早島鏡正・紀野一義　訳注／岩波文庫）
・『日本の禅語録〈第20巻〉良寛』（入谷義高／講談社）
・『恵信尼消息に学ぶ』（今井雅晴／東本願寺出版部）
・『阿弥陀経のことばたち』（辻本敬順／本願寺出版社）
・『お経の話』（渡辺照宏／岩波新書）
・『仏典はどう漢訳されたのか　スートラが経典になるとき』（船山徹／岩波書店）
・『大乗非仏説をこえて』（大竹晋／国書刊行会）
・『ごまかさない仏教』（佐々木閑・宮崎哲弥／新潮選書）
・『仏教かく始まりき』（宮本啓一／春秋社）
・『仏教入門』（高崎直道／東京大学出版会）
・『宗祖に訊く　日本仏教十三宗　教えの違い総わかり』（大竹晋／国書刊行会）
・『こころの最終講義』（河合隼雄／新潮文庫）
・『人間性の心理学』（A・H・マズロー著　小口忠彦訳／産能大出版部）
・『となりの億万長者―成功を生む7つの法則』（トマス・J・スタンリー&ウィリアムD・ダンコ著、斎藤聖美訳／早川書房）
・『私の財産告白』（本多静六／実業之日本社）
・『完全なる経営』（A・H・マズロー著　金井壽宏監訳　大川修二訳／日本経済新聞社）
・『日本でいちばん大切にしたい会社』（坂本光司／あさ出版）
・『百年以上続いている会社はどこが違うのか？』（田中真澄／致知出版社）
・『脳を鍛えるには運動しかない！』（ジョンJ・レイティ著　野中香方子訳／NHK出版）
・『お坊さんに学ぶ長生きの練習』（藤原東演／フォレスト出版）
・『人体600万年史　科学が明かす進化・健康・疾病〈上下〉』（ダニエル・E・リバーマン著　塩原通緒訳／早川書房）
・『天才は親が作る』（吉井妙子／文春文庫）
・『新・家系の科学』（与那嶺正勝／コスモトゥーワン）
・『なぎさホテル』（伊集院静／小学館文庫）
・『自分に気づく心理学』（加藤諦三／PHP研究所　愛蔵版）
・『覚悟の磨き方　超訳　吉田松陰』（池田貴将／サンクチュアリ出版）

［著者］

**大愚元勝**（たいぐ・げんしょう）

佛心宗　大叢山福厳寺住職。（株）慈光マネジメント代表取締役。慈光グループ会長。

僧名「大愚」は、大バカ者＝何にもとらわれない自由な境地に達した者の意。

駒澤大学、曹洞宗大本山總持寺を経て、愛知学院大学大学院にて文学修士を取得。

僧侶、事業家、作家・講演家、セラピスト、空手家と5つの顔を持ち、「僧にあらず俗にあらず」を体現する異色の僧侶。

愛知県小牧市に540年の歴史を誇る禅寺、福厳寺の弟子として育つ。3歳で経を習い、5歳で葬儀デビュー、10歳で僧籍を取得するも、厳しい師匠や堅苦しいしきたり、「お寺の子」と噂される重圧に反発して寺を飛び出す。

32歳で起業。慈悲心を具現化したいと、複数の事業を立ち上げて軌道に乗せる。

社員教育は人間教育であることを実感し、40歳を目前に寺に戻ることを決意。

事業を後進に引き継ぎ、インドから日本に到るまでの仏教伝道ルートをはじめとする世界23カ国を遊行し、現代における寺や僧侶のあり方を問う。

平成27年に福厳寺31代住職に就任。令和元年には、仏教の本質に立ち返って「慈悲心、知恵、仏性を育む」ことを宗旨とする佛心宗を興し、従来の慣習や常識にとらわれない、会員制寺院として新たなスタートを切る。

現在は、住職としての職務のほか、内弟子僧侶の育成、インターネットを通じて「仏教の本質と実生活への応用」を学ぶことができる佛心僧学院（令和2年配信開始）、心技体を備えた次世代の経営者を育成する「仏教経営マンダラ研究会」を開催するなど、様々な切り口から仏教を伝えている。

今後は、人口減少、少子高齢化によって消滅しつつある地方寺院の復興モデルとして、「テンプルステイ」や「寺町構想」を計画、「人づくり、生きがいづくり、町づくり」をテーマに、「心も生活も豊かな、小さくとも美しい寺町を作ろう」と提案する「寺町構想」には、国内外の経営者から関心が集まっている。

また、過食、拒食、リストカットを繰り返す少女の母親からの相談をきっかけに始めた、動画配信サービスYouTubeでのお悩み相談番組、『大愚和尚の一問一答』は、9年半で65万登録を超え、その数は月1万ペースで増え続けている。

講演、研修実績として、三菱UFJ銀行、（株）ダイキエンジニアリング、（株）孝建、小牧市立桃陵中学校、北海道富良野市立富良野小学校などがある。

## 苦しみの手放し方

2020年2月19日　第1刷発行
2024年3月14日　第6刷発行

著　者――――大愚元勝
発行所――――ダイヤモンド社
〒150-8409　東京都渋谷区神宮前6-12-17
https://www.diamond.co.jp/
電話／03･5778･7233（編集）　03･5778･7240（販売）

装丁――――――重原 隆
編集協力――――藤吉 豊
本文デザイン・DTP――斎藤充（クロロス）
製作進行――――ダイヤモンド・グラフィック社
印刷――――――ベクトル印刷
製本――――――ブックアート
編集担当――――土江英明


ISBN 978-4-478-10278-7